DÉFENSE

DES PROPRIÉTAIRES

ATTAQUÉS COMME DÉTENTEURS

DE BIENS PRÉTENDUS DOMANIAUX.

PRIX DE CET OPUSCULE :

2 FR. pris à Paris,

Et 2 FR. 30 c. envoyé par la poste, franc de port.

Se trouve aussi, au besoin, chez l'AUTEUR, rue de Gaillon, n° 12.

IMPRIMERIE DE E. DUVERGER,
RUE DE VERNEUIL, N° 4.

DÉFENSE
DES PROPRIÉTAIRES
ATTAQUÉS COMME DÉTENTEURS
DE BIENS PRÉTENDUS DOMANIAUX.

MOYENS
De consolider leurs propriétés
et d'assurer leur repos.

PAR M. G......, p.

AVOCAT A LA COUR DE CASSATION
ET AUX CONSEILS DU ROI.

SE TROUVE A PARIS :

Chez
{
PICHARD, quai Conti, n° 5.
DELAUNAY, DENTU, PONTHIEU, LADVOCAT, au Palais-Royal.
NÈVE, au Palais de Justice.
BÉCHET, quai des Augustins, n° 47.
}

1829.

DÉFENSE
DES PROPRIÉTAIRES.

§ I.

Trouble général causé par les significations de la Régie des domaines.

Une grande mesure fiscale est venue tout à coup jeter l'alarme dans des milliers de familles.

Sur tous les points de la France, des milliers de *sommations*, préparées sourdement dans les innombrables ateliers du fisc, ont été lancées tout à coup, comme une grêle funeste, contre la plupart des propriétaires de biens-fonds, et ont porté le trouble dans leurs esprits.

Interpellés de se conformer à une LOI dite *du 14 ventôse an* VII, qui leur est généralement inconnue, de payer en conséquence *le quart* de la valeur foncière de leurs propriétés, à peine d'en être expropriés, ils n'ont su comment expliquer un tel message ; presque tous en ont été plus ou moins tourmentés et molestés.

« Quoi donc ! va-t-on encore faire main-basse sur nos biens, les saisir, les confisquer, les vendre *nationalement!* — Et pour quelle cause, par quel motif ? — Que parle-t-on ici d'ancien *engagement*, d'ancienne aliénation du *Domaine de la couronne ?* — Mais jamais je n'ai entendu dire que la terre que je possède, qui est depuis des siècles dans ma famille, qui m'a été transmise par les actes les plus solennels, ait une pareille origine! Nulle trace, nulle mention n'en existe dans mes titres. — Cependant, que faire ? quel égard dois-je avoir à cette sommation ? quelle conduite dois-je tenir ?...»

Voilà ce que se sont dit la plupart des personnes qui ont été favorisées de ces gracieuses notifications, faites *à la requête de monsieur le conseiller d'état, directeur général de l'enregistrement et des domaines.*

Or, ce sont ces inquiétudes qu'il s'agit de calmer; ce sont ces doutes alarmans qu'il est à propos d'éclaircir.

Et c'est ce que nous allons faire, en expliquant à ces personnes le véritable objet des sommations qu'elles ont reçues.

Nous leur exposerons en même temps les moyens de consolider leurs possessions menacées; de repousser les agressions du fisc, si elles sont mal fondées ; et, dans le cas où leurs héritages seraient réellement entachés d'origine *domaniale*, la manière de les en purger, de se mettre à l'abri de toutes recherches ultérieures.

§ II.

Exposé sommaire de la législation domaniale. Lois anciennes.

Sous les deux premières dynasties de nos rois, et pendant les premiers temps de la troisième, il n'exista point de *domaine de l'état* proprement dit; ou du moins il n'en exista d'autre que celui du *monarque*, et provenant, soit de ses conquêtes ou acquisitions, soit des successions de ses auteurs; et, avec les seuls revenus de ce domaine, comme aussi à l'aide des prestations personnelles qui lui étaient dues par ses vassaux, il pourvoyait aux dépenses de sa maison, à la défense de ses provinces, à toutes les nécessités de son gouvernement.

Aussi était-il considéré comme libre d'en disposer selon son gré; d'en faire des dons, des ventes, des échanges, ainsi qu'il le jugeait convenable.

Ce ne fut qu'alors que nos rois en vinrent à vouloir exiger de leurs sujets des subsides extraordinaires et souvent répétés, des impositions ou contributions périodiques, qu'on songea à mettre aussi des entraves aux aliénations de leur domaine, et à considérer ce domaine comme appartenant à leur Couronne plutôt qu'à leur personne; comme grevé d'une substitution perpétuelle au profit de la Monarchie ou de l'État.

De là l'opinion, qui, sous les règnes de Saint Louis et de ses successeurs, s'accrédita et s'affermit de plus en plus : que le domaine royal ou de la couronne était de sa nature *inaliénable* et *imprescriptible*.

M. le président *Hénault* mentionne, d'après d'anciennes chroniques, une assemblée solennelle tenue à *Montpellier*, en 1279, où tous les princes chrétiens se seraient accordés à reconnaître, par eux ou leurs ambassadeurs, que le domaine de leur couronne était inaliénable, et que les choses qui en avaient été démembrées y seraient réunies. (*Abr. chr. de l'hist. de Fr.*)

En 1358, on voit *Charles V*, pendant l'absence du roi *Jean*, son père, retenu prisonnier en Angleterre, ordonner la réunion des parties du domaine aliénées sous ce règne malheureux; il réitéra cette ordonnance en 1366, avec exception néanmoins des choses qui avaient été *données à Dieu et à ses ministres*. (*Chopin, de Domanio,* lib. 2, t. 14, n° 17.)

En 1380, on voit *Charles VI*, lors de son

sacre, faire serment de ne point aliéner son domaine. (*Dupuy*, Tr. des dr. du roi, p. 501.)

En 1405, il sanctionne, sur les remontrances des États généraux, une sorte de *constitution-pragmatique*, par laquelle il est ordonné « que « de là en avant ne seront faits aucuns dons à « vie, à héritage ni à volonté, de quelques « terres, seigneuries, ni autres choses que ce « soit, appartenant au domaine de la couronne, « irritant tout ce qui serait fait au contraire. » (*Brillon, Dict. des arr.*, v° Domaine, n° 29.)

Par une Déclaration du 22 septembre 1483, CHARLES VIII déclare révoquer tous dons et engagemens du domaine; et, le 27 novembre 1484, il donne un réglement pour la réunion des choses aliénées depuis le décès de Charles VII. (*Id.*)

Le 3 décembre 1517, FRANÇOIS Ier donne un Édit portant révocation de tous dons et aliénations du domaine, à la réserve des terres aliénées pour les frais de la guerre.

Par une Déclaration du 25 février 1199, il ordonne qu'à l'avenir il ne sera procédé à aucun démembrement du domaine de la couronne, si ce n'est par aliénation pour causes urgentes.

Par un Édit du mois de juillet 1521, il ordonne la réunion à la couronne, de toutes les portions de domaine aliénées ; et par une Déclaration du 13 avril 1529, il révoque de nouveau les aliénations.

Le 30 juin 1539, le même roi donne un Édit par lequel il est statué : « que toutes aliénations, entreprises et usurpations faites sur le domaine, y seront réunies, nonobstant toute possession, jouissance, prescription, et laps de temps, encore qu'il excédât cent années. »

Le 10 septembre 1543, nouvel Édit portant révocation de toutes les aliénations, excepté celles faites pour fournir aux frais de la guerre.

Dans un autre Édit du 18 août 1559, le roi FRANÇOIS II s'exprime ainsi : « Et pour ce qu'étant, ledit domaine, comme *sacraire* et *inaliénable*, lequel les rois de France ont promis et juré conserver en son entier, nous désirons, comme notre devoir nous admoneste, de le remettre en son premier et vrai état... »

Mais c'est surtout par la célèbre Ordonnance donnée *en février* 1566, sous le roi CHARLES IX, sur les remontrances des États convoqués en la ville de *Moulins*, et communément appelée l'édit ou ordonnance *du Domaine*, que furent fixés les principes de la matière. Cette ordonnance a été la base et comme le point de départ de tous les réglemens intervenus depuis, sur ce sujet.

Il porte notamment :

1° « Que le domaine de la couronne ne peut être aliéné que dans deux cas seulement : l'un, pour *apanage* des *puînés* de la maison de France ; auquel cas il y a *retour* à la couronne, par leur décès sans enfans mâles, en même et pareil état qu'était ledit domaine lors de la concession de l'apanage ; — L'autre, par aliénation à deniers comptans, pour les *nécessités de la guerre*, après lettres-patentes pour ce décernées en parlement, auquel cas il y a *faculté de rachat perpétuelle*.» (art. 1er.)

Par l'art. 2 il est dit : « que le domaine de la couronne est entendu celui qui a été uni et incorporé à la couronne, ou qui a été tenu et administré par les receveurs et officiers du roi, par l'espace de *dix années*, et est entré en ligne de compte.

Par un autre Édit de la même époque, exceptionnel à celui ci-dessus, il fut dit : « qu'attendu l'utilité de mettre en culture et labour *les terres vaines et vagues, prés, palus* et *marais vacans* appartenant au roi, il en pourrait être fait *aliénation à perpétuité, à cens, rente, et deniers d'entrée modérés; sans que ces aliénations puissent être dans la suite *révoquées pour quelque cause et occasion que ce soit.*

Toutefois cet édit ne fut enregistré au parlement qu'avec cette restriction : « que lesdites terres *ne pourraient être baillées qu'à cens portant lods, ventes, défauts et amendes, quand le cas y écherra,* selon les coutumes des lieux, et *à rentes perpétuelles, et non rachetables;* sans que les preneurs puissent donner aucuns deniers d'entrée, pour quelque raison ou cause que ce soit. »

Cependant les troubles dont le règne de Charles IX fut continuellement agité, le forcèrent à déroger plusieurs fois à son ordonnance.

Il y eut, en 1569, 1570, 1574, différens édits qui ordonnèrent des aliénations de son domaine.

Sous le règne de Henri III, qui lui succéda, les aliénations se multiplièrent encore plus.

Par l'Ordonnance qu'il donna au mois de *mai* 1579, à la suite des états de *Blois,* il ordonne pourtant que les édits faits par les rois ses prédécesseurs, pour la conservation du domaine de la couronne, notamment celui de 1566, seraient *inviolablement* gardés et observés.

Il révoque les *dons* faits par lui et ses prédécesseurs, même à titre de rémunération de services, et réunit au domaine toutes les portions qui en avaient été distraites. Il ordonne la vérification des aliénations faites à deniers comptans pour la nécessité des guerres.

C'était une maxime déjà dès long-temps reçue et consacrée, que les domaines particuliers que possède le prince qui parvient au trône de France, s'unissent de plein droit au domaine de la couronne, et en deviennent partie intégrante; lorsque *Henri de Bourbon*, prince de Béarn, propriétaire libre d'un grand nombre de terres et seigneuries patrimoniales, fut appelé, en 1589, à porter cette couronne, comme successeur d'Henri III.

Son affection pour la princesse Catherine, sa sœur, et sa crainte de ne point laisser de postérité, le déterminèrent à donner des Lettres-patentes, le 13 avril 1590, pour que ses biens patrimoniaux demeurassent séparés du domaine de l'État. Mais le parlement de Paris s'étant refusé à l'enregistrement de ces lettres, déjà enregistrées au parlement de Bordeaux, *Henri* IV finit par consentir et publier un nouvel Édit, du mois de juillet 1607, par lequel il reconnaît :
« que les rois ses prédécesseurs se sont dédiés
« et consacrés au public, duquel ne voulant

« avoir rien de distinct et séparé, ils ont *con-*
« *tracté avec leur couronne* une espèce de *ma-*
« *riage saint et politique,* par lequel ils l'ont
« *dotée* de toutes les seigneuries qui, à titre
« particulier, pouvaient leur appartenir... » En
conséquence S. M. révoque les lettres-patentes
de 1590, approuve l'arrêt de son parlement de
Paris, du 19 juillet 1529; « Ce faisant, déclare
les duchés, comtés, vicomtés, baronies et autres
seigneuries mouvantes de la couronne, ou des
parts ou portions du domaine d'icelle, tellement
accrues et réunies à icelui, que *dès le moment
de son avènement* à ladite couronne de France,
elles sont devenues *de même nature et condition que le reste de l'ancien domaine de
France.* »

Sous Louis XIII, un Édit du mois de juin 1611
contient plusieurs dispositions tendant à répri-
mer plusieurs entreprises des engagistes et usufruitiers du domaine. Il réduisit leur jouissance,
quant aux forêts comprises dans leur engagement, aux seules parties qui étaient *en taillis.*

Sous Louis XIV, le contrôleur général *Col-
bert,* voulant faire rentrer le roi dans les domaines indûment aliénés, commença par faire
ordonner, par différens arrêts du conseil, que
les possesseurs et engagistes désignés dans ces

arrêts, seraient tenus de représenter pardevant des commissaires établis *ad hoc*, leurs titres, contrats et quittances de finances; comme aussi un état des produits qu'ils avaient perçus depuis leur entrée en jouissance, pour être ensuite procédé à leur liquidation et remboursement.

Au mois d'*avril* 1667, parut un Édit dans le préambule duquel le roi annonçait de nouveau la résolution de racheter tous les domaines aliénés, à mesure que l'état de ses finances le lui permettrait; puis une longue série de nombreux articles réglait le mode de remboursement et les formes de la réunion.

Les guerres qui survinrent bientôt firent perdre de vue les rachats et réunions projetés. On ne s'occupa plus que de trouver de prompts et actuels secours d'argent.

Par un autre Édit de 1691, les possesseurs de biens domaniaux furent confirmés dans leur jouissance, en payant des supplémens de finance; de nouvelles aliénations furent même ordonnées par différens arrêts du conseil, de 1695, 1702, 1708, 1712.

Sous Louis XV, de nouvelles Déclarations ou lettres-patentes annoncèrent encore l'intention de racheter et réunir les domaines aliénés ou engagés. Mais l'effet s'en réduisit à faire payer également de nouvelles finances pour droit de confirmation.

Sous Louis XVI, par un Arrêt du conseil, du 14 janvier 1781, de nouvelles règles furent promulguées pour le retrait ou rachat des domaines aliénés; comme aussi pour l'option offerte aux détenteurs, de se faire confirmer définitivement dans leurs possessions, moyennant certaines conditions.

§ III.

Lois modernes.

Tel était l'état des choses, lors de la révolution qui s'opéra en 1789 et 90.

Une nouvelle Loi générale, sur le Domaine de l'État, jusqu'alors appelé Domaine de la Couronne, ne tarda pas à être préparée et décrétée par l'Assemblée dite Constituante.

Relue et adoptée dans la séance du 22 *novembre* 1790, cette loi fut sanctionnée par le roi le 1er *décembre* suivant; de là vient qu'elle est citée, tantôt sous l'une, tantôt sous l'autre de ces deux dates.

Toute la législation domaniale y est refondue et totalement changée sur plusieurs points.

Ainsi, 1° après la définition de ce qui sera entendu désormais composer le *domaine public* ou *national* (art. 1, 2, 3, 4, 5, 6 et 7), il est bien dit que ce domaine et les droits qui en dépendent, *sont et demeurent inaliénables;* mais il est aussitôt ajouté : *qu'ils peuvent cependant être vendus et aliénés à titre perpétuel et incommutable, en vertu d'un Décret formel du Corps législatif.* (art. 8.)

2° Les ventes et aliénations faites sans clause de rachat ni retour, *antérieurement à l'ordonnance de février* 1566, même les dons et concessions à titre gratuit, aussi *antérieurs* à cette ordonnance, sont confirmés et maintenus; ainsi que les échanges faits régulièrement et consommés sans fraude, fiction ni lésion, avant la convocation de l'assemblée nationale. (art. 14.)

3° Il ne sera plus, à l'avenir, concédé aucun *Apanage;* les fils puînés de France seront élevés et entretenus aux dépens de la Liste civile, jusqu'à ce qu'ils se marient, ou qu'ils aient atteint l'âge de 25 ans accomplis; alors il leur sera assigné sur le trésor national des *rentes apanagères,* dont la quotité sera déterminée, à chaque époque, par la législature en activité. (art. 17.)

4° Tous *contrats d'échange* de biens nationaux, non consommés, seront examinés pour être confirmés ou annulés par un décret formel des représentans de la nation. (art. 18.)

5° Les échanges ne seront censés *consommés*, qu'autant que toutes les formalités prescrites auront été observées et accomplies en entier ; qu'il aura été procédé aux évaluations ordonnées par l'édit d'octobre 1711, et que l'échangiste aura obtenu et fait enregistrer dans les cours les lettres de ratification nécessaires pour donner à l'acte son dernier complément. (19.)

6° Les articles suivans établissent une grande différence entre les aliénations *antérieures* à l'ordonnance de 1566, et celles *postérieures* à cette ordonnance.

Celles *antérieures* ne seront sujettes à rachat, qu'autant que l'acte en contiendra la réserve. Celles *posterieures* seront réputées simples *engagemens*, et comme telles perpétuellement sujettes à rachat, lors même que le contrat contiendrait une disposition contraire. (23, 24.)

A l'égard des *dons* et concessions *à titre gratuit*, mais avec *clause de retour*, ils sont déclarés révocables, *à quelque époque* qu'ils puissent remonter ; ainsi que ceux postérieurs à l'ordonnance de 1566, quand même la clause de retour aurait été omise. (28.)

Voici un article non moins remarquable,

concernant les concessions de terres *vaines et vagues*, ou autres terrains domaniaux de cette nature.

Les aliénations faites jusqu'à ce jour, par contrats d'inféodation, baux à cens ou à rente, des *terres vaines et vagues, landes, bruyères, palus, marais et terrains en friche,* autres que ceux situés dans les forêts, *sont confirmées et demeureront irrévocables*, pourvu qu'elles aient été faites *sans dol ni fraude*, et dans les formes prescrites par les réglemens en vigueur au jour de leur date. (31.)

8º Voici un autre article non moins digne de remarque, relativement à la *prescription*, qui jusqu'alors avait été réputée sans application possible aux biens du domaine royal, si longue qu'eût été la possession.

« La *prescription* aura lieu à l'avenir, pour les domaines nationaux dont l'aliénation est permise par les décrets de l'assemblée nationale ; et *tous les détenteurs* d'une portion quelconque desdits domaines *qui justifieront en avoir joui,* par eux-mêmes ou leurs auteurs, à titre de propriétaires, publiquement et sans trouble, *pendant quarante ans* continuels, à compter de la publication du présent décret, *seront à l'abri de toute recherche.* » (36.)

Enfin, par un dernier article, sont abrogées toutes lois et dispositions contraires au présent décret. (38.)

Ce qu'il est bon de remarquer encore, c'est qu'il était dit qu'à l'égard des aliénations déclarées révocables, les détenteurs ne pourraient être dépossédés, *qu'après avoir reçu, ou été mis en demeure de recevoir leur finance principale avec ses accessoires.* (25.)

Mais les Législatures subséquentes ne se montrèrent pas aussi scrupuleuses.

Par deux Décrets des 3 et 17 septembre 1792, l'Assemblée dite *législative* déclara *dès à présent révoquées*, toutes les aliénations simplement déclarées *révocables* par la Constituante.

Par un Décret spécial, de la même date, 3 septembre, les contrats de vente faits par le roi, au cours des années 1771, 72, 73 et 74, de différentes portions de la forêt de *Senonches*, furent notamment déclarés nuls et simulés, conséquemment nuls et non translatifs de propriété, ainsi que les *échanges* dont ils avaient été suivis.

La *Convention* alla plus loin encore.

Par un Décret du 10 frimaire an II (30 novembre 1793), elle enjoignit à la Régie de se mettre incontinent en possession des domaine aliénés ou engagés à quelque titre que ce fût; sauf à à la liquidation des finances qu'il pourrait y avoir lieu de rembourser.

Sur les réclamations que ce décret excita de toutes parts, l'exécution en fut suspendue par un autre du 22 frimaire de l'an 3, et le comité des domaines chargé de présenter le projet d'une autre loi.

Mais, pendant l'intervalle de l'émission de ce décret à sa suspension, le Gouvernement révolutionnaire s'était mis de suite en possession de la plus grande partie des biens désignés, et les avait fait vendre.

Il avait notamment dépossédé les *échangistes*, sans leur remettre les objets qu'ils avaient fournis, et existans encore dans les mains du fisc; de manière qu'il détenait à la fois et les biens de l'échange et ceux du contre-échange.

Une Loi du 7 nivôse an 5 fit cesser cet état de choses.

Sur la motion et les courageuses remontrances de M. *Favard de Langlade*, alors membre du conseil des *Cinq cents*, à qui est principalement dû le bienfait de cette loi réparatrice, il fut statué: « que les échangistes dépossédés postérieurement à la loi du 10 frimaire an 2, sans avoir été rétablis dans la jouissance des objets cédés en échange par eux ou leurs auteurs, seraient *sur-*

le-champ réintégrés par les administrations départementales dans les biens dont ils avaient été dépouillés........»

Pendant la session de l'an 7, fut présentée et promulguée la nouvelle loi destinée à remplacer le décret de l'an 2, Loi si connue sous la date *du 14 ventôse an* 7, et qui subsiste encore aujourd'hui dans toute sa plénitude; loi qui admet notamment tous les détenteurs de biens d'origine domaniale à se faire confirmer définitivement et irrévocablement dans la propriété et possession de ces biens, en payant *le quart* de leur valeur estimative. (En voir le texte entier ci-après.)

Au total et en résumé, cette Loi présente principalement les résultats suivans :

1º Sont *confirmées*, purement et simplement, les *aliénations consommées avant* l'Édit de février 1566, sans clause de retour ni réserve de rachat. (art. 1er.)

2º Sont *révoquées*, celles faites *avec clause de retour* ou de *rachat*, à quelque époque qu'elles puissent remonter. (2.)

3º Sont et demeurent *révoquées*, toutes autres aliénations, faites *postérieurement à l'édit* de 1566, soit qu'elles contiennent ou ne contiennent pas clause de retour. (4.)

4° Sont *exceptées* de cette révocation, les inféodations ou accensemens de *terres vaines* et *vagues, landes, bruyères, palus* et *marais*, non situées dans les forêts; — comme aussi celles de *terrains épars* au-dessous de cinq hectares, pourvu qu'ils ne comprissent, lors de la concession, ni maisons, ni moulins, ni autres usines; — comme aussi les accensemens de terrains dépendans des *fossés, murs* ou *remparts* des villes, justifiés par titres valables, ou par une *possession de 40 ans*, pourvu qu'ils aient été mis en valeur. (5.)

5° Sont pareillement *exceptés* de la révocation, les *échanges consommés* légalement avant 1789; sauf ceux qui seront reconnus entachés de fraude. (5, 6, 7.)

6° Et quant à tous les possesseurs ainsi frappés de révocation, la loi leur laisse cependant l'option de se faire confirmer et maintenir définitivement, en offrant de payer *le quart* de la valeur actuelle des biens par eux possédés, d'après l'estimation qui en sera faite; sinon ils seront évincés, et liquidés des finances qu'ils pourraient avoir fournies (13, 14, 15.); — sauf toutefois les concessionnaires *de forêts au-dessus de 150 hectares*, qui ne sont point admis à cette faculté, et à l'égard desquels il sera statué par une loi particulière. (15.)

Suivent nombre d'articles relatifs aux modes d'estimation, d'éviction, de liquidation.

A l'égard de ces possesseurs de *forêts au-dessus de* 150 *hectares*, il fut statué par une Loi *du* 11 *pluviôse an* 12, que les *engagistes* seraient remboursés en *inscriptions;* que les *échangistes* dont le *contre-échange* avait été vendu, seraient pareillement liquidés en inscriptions; et qu'en attendant cette liquidation, les forêts rentreraient sous la main de l'Administration, pour le produit des coupes être partagé entre elle et les possesseurs évincés.

Mais, après la Restauration du Gouvernement royal, une autre Loi *du* 28 *avril* 1816 admit les *engagistes*, possesseurs de *forêts au-dessus de* 150 *hectares*, à s'y faire confirmer, en payant *le quart* de leur estimation.

Puis, une autre Loi, en date *du* 15 *mai* 1818, admit au même bénéfice de *confirmation, les échangistes,* possesseurs de semblables forêts, dont les échanges n'avaient pas été entièrement consommés avant 1789, et dont les contre-échanges auraient été aliénés par l'Etat, pourvu qu'il eût été fait des *évaluations* régulières ; et ce, en payant seulement *la soulte* qui résultait de ces évaluations.

Ainsi, par ces deux dernières lois, d'avril 1816 et mai 1818, le sort des engagistes et échangistes détenteurs de forêts domaniales fut définitivement réglé.

Cependant un grand nombre de personnes, tout en possédant des biens d'origine domaniale, ignorant cette origine, avaient pu négliger de se conformer aux règles prescrites par la Loi de *ventôse an* 7, pour consolider leur possession; et, d'après cette loi, pendant long-temps encore, et même éternellement, les possesseurs de ces sortes de biens pouvaient se trouver sans cesse exposés à des recherches et actions de la part des Agens du Domaine.

Il importait au bon ordre, à la tranquillité publique, à la sûreté des transactions commerciales, de fixer un terme à ces recherches, de rendre une complète sécurité à tous les possesseurs et acquéreurs de biens-fonds.

De là, la Loi qui fut présentée dans la session de 1820, adoptée et promulguée sous la date *du* 12 *mars* de cette année; et qui, en ce moment, forme le complément de la législation domaniale.

En présentant le projet de cette loi à la

Chambre des députés, M. le comte Roy, ministre des finances, disait entre autres motifs :
« *Qu'un gouvernement éclairé et protecteur devait écarter des propriétés toute incertitude, qui avait toujours le fâcheux effet d'en affaiblir la valeur, d'entraver les speculations des propriétaires, et d'empêcher les améliorations;* que, mue par ces *hautes considérations*, Sa Majesté l'avait chargé de proposer aux Chambres une loi destinée à rectifier et perfectionner la législation en cette partie.....»

Devant la Chambre des Pairs, le noble rapporteur disait, entre autres choses (séance du 6 mars 1810):

« De nos jours, lorsqu'au temps du Directoire, les deux Conseils voulurent statuer par une loi complète sur toutes les parties du domaine de l'état, ils reconnurent qu'il fallait renoncer à des recherches qui, sans aucun point fixe dans le passé, se perdaient dans les temps les plus reculés de la monarchie, et pouvaient atteindre tant de possesseurs de bonne foi, ignorant eux-mêmes l'origine domaniale de leurs possessions. On crut ne pouvoir prendre un point de départ certain d'une époque plus récente que le mois de *février* 1566. Ce qui précédait l'édit fameux de cette date fut irrévocablement éteint, s'il n'y avait clause de retour; mais les recherches purent s'exercer sur tout ce qui était postérieur; c'est-à-dire sur une durée de *deux siècles et demi;* et nul échange, concession, ou engagement n'en fut affranchi.

« Souvent un engagiste avait vendu les terres de son engagement, sans faire connaître à l'acquéreur qu'il ne possédait qu'à titre précaire. D'autres ventes et reventes avaient suivi; les contrats étaient revêtus de toutes les formalités légales : contrôle, mise au tableau des hypothèques, enregistrement; rien n'avait été omis. Dans le cours des siècles, la propriété avait subi toutes sortes de changemens. Mais, ni les siècles, ni la prescription, ni la bonne foi, ne pouvaient soustraire *la glèbe* à l'action du Domaine.

« La Loi qui vous est proposée, Messieurs, repose sur des principes bien différens. Au lieu de faire remonter les recherches et poursuites à une époque antérieure, elle montre le terme futur où elles seront consommées sans retour. Ce sera *dans neuf ans.*

« *La Loi affranchit les détenteurs auxquels il n'aura pas été fait de signification, avant l'expiration des trente années qui ont commencé en mars* 1799..... »

Maintenant, voici ce que porte textuellement cette loi, relativement à la libération définitive des possesseurs d'anciens fonds domaniaux, qui n'auraient pas reçu d'avertissement avant l'expiration du terme marqué.

« L'Administration des domaines *fera signifier* aux détenteurs de domaines provenans de l'Etat, à titre d'engagement, concession ou échange, auxquels seraient applicables les dispositions des *lois des* 14 *ventôse an* 7, (4 mars 1799), 28 *avril* 1816, et 16 *mai* 1818, et qui n'y auraient pas satisfait : qu'ils aient à se conformer auxdites lois, relativement aux domaines engagés ou échangés dont ils seraient actuellement en possession. » (art. 7.)

Puis il est ajouté, *art.* 9: « *qu'à l'expiration de trente années à partir de la publication de la loi du* 14 *ventôse an* 7, (4 mars 1799), les domaines pour lesquels il n'aura pas été fait de signification, resteront *propriétés incommutables entre les mains des possesseurs actuels;* et que lesdits possesseurs seront entièrement *quittes et libérés* envers l'Etat; sans qu'ils puissent être tenus de faire aucune justification, sous prétexte que lesdits biens proviendraient d'engagemens, concessions ou échanges, soit antérieurs, soit postérieurs, à 1566. »

(Voir le texte entier de cette loi, ci après).

§ IV.

Motif, objet des significations.

Rien de plus facile à concevoir, maintenant, que le motif et l'objet de ces nombreuses significations qui ont été faites, dans ces derniers temps, de la part de l'Administration des domaines, à une foule de propriétaires paisibles qui en ont pris l'alarme, et qui ne s'en sont alarmés que parce qu'ils n'étaient nullement au courant de la législation qui vient d'être retracée.

Ces significations ont uniquement pour objet, de conserver à l'État les droits qu'il pourrait avoir sur certains fonds ou immeubles, comme provenant en tout ou en partie d'anciennes concessions du Domaine ; d'empêcher l'extinction ou déchéance de ces droits ; sauf à les discuter ensuite, à les vérifier, à les établir.

Ces significations ne changent donc rien à la position antérieure des personnes qui en ont été frappées. Il s'ensuit seulement cette différence : que, si les agens du domaine eussent laissé expirer le terme prescrit, sans faire de notification à tel propriétaire, celui-ci aurait été pour jamais à l'abri de toute recherche, relativement à l'immeuble qu'il possède, encore bien qu'il fût, en tout ou en partie, d'origine domaniale ; tandis que, ayant été dûment interpellé avant l'expiration du délai, il va demeurer encore pour long-temps soumis à l'action des conservateurs du Domaine public.

Mais si, en réalité, tel propriétaire, frappé d'une notification, ne possède rien de domanial, ou s'il n'existe aucun titre qui démontre clairement la domanialité de sa possession, il n'a aucunement sujet d'avoir plus de crainte qu'auparavant ; car, ici, c'est le Domaine qui serait acteur, demandeur (*actor*); et par conséquent c'est à lui qu'incombe la nécessité de rapporter la preuve du fait d'une concession domaniale. A défaut de cette preuve, le possesseur ne peut manquer d'être maintenu comme propriétaire libre ; à défaut de cette preuve, il y a présomption légale d'une propriété purement patrimoniale, et cette présomption suffit au défendeur: *Actore non probante, reus dimittitur.*

Une autre réflexion nous semble devoir diminuer de beaucoup les premières inquiétudes des personnes qui ont reçu des notifications. Si leurs possessions eussent été réellement d'origine domaniale, sujettes au droit de confirmation imposé par la loi de ventôse an 7, le fisc aurait-il demeuré jusqu'à cette époque, sans les inquiéter, sans leur rien demander ? lui qui a les cent yeux d'Argus, des agens en tous lieux, des registres, notes et documens multipliés, constatant l'origine et la filiation de toutes les propriétés foncières ? lui que tant de lois autorisèrent successivement, depuis le commencement de la révolution, à se saisir de tous les biens provenant de l'ancien domaine royal ?

Cependant, il n'est que trop vrai que des significations ont plu par milliers, dans ces derniers mois, sur tous les points de la France, sur presque toutes les propriétés particulières et de toutes natures. Eh bien, ce grand nombre même, ces *effluves* d'exploits signifiés presqu'en même temps et simultanément à une infinité de propriétaires de tous les lieux, de toutes les classes et conditions, ne donnent-ils pas un juste sujet de penser que la plupart de ces actes ne peuvent avoir été faits en grande connaissance de cause, après un examen bien approfondi des circonstances et apparences qui ont pu les déterminer ?

Dans cet état des choses, quel parti doivent prendre les diverses personnes qui ont été gratifiées de ces notifications, qui, si j'en juge d'après celle que j'ai reçue moi-même, ne contiennent qu'un simple avertissement, une simple sommation *de se conformer aux dispositions de la loi du 14 ventôse an 7*; sans demande judiciaire, sans assignation, sans citation aucune à comparaître en justice ?

Ces personnes doivent-elles attendre qu'il plaise au Fisc de former contre elles une demande juridique à fin d'éviction ou délaissement des biens-fonds qu'elles possèdent ? Elles pourraient attendre long-temps ; et, pendant ce temps, leur propriété restera menacée, ébranlée, jusqu'à un certain point ; réduite à l'état d'une simple possession précaire ! Le possesseur ne trouvera plus que difficilement à vendre son domaine, sa maison, à emprunter sur son nantissement ! Sa propriété sera frappée d'une sorte d'interdit !

Les personnes qui ont reçu des notifications ne peuvent donc rester dans cet état d'incertitude, de précarité. Il est de leur intérêt de tâcher d'en sortir, et le plus tôt que possible.

Pour cela, quels moyens employer ? quelle est la voie à prendre ? quelle conduite tenir ?

§ V.

Moyens de faire cesser l'effet préjudiciable des notifications reçues.

Chaque individu doit d'abord consulter sa position, interroger ses titres, tâcher de connaître et vérifier ceux dont les agens du fisc annonceraient l'intention de se prévaloir contre lui.

A la vue de ces titres, est-il dans le cas de reconnaître que sa propriété est en effet d'origine domaniale, et dans la catégorie de celles que la Loi de ventôse an 7 déclare susceptibles de reprise par le Domaine? Alors, il n'aura rien de mieux à faire que de se conformer en effet aux dispositions de cette loi, pour obtenir la maintenue définitive qu'elle accorde à ceux qui en rempliront les conditions : sauf les recours qu'il pourrait avoir à exercer contre ceux qui lui auront transmis l'immeuble.

Au contraire, est-il certain, a-t-il du moins un juste sujet de penser qu'il n'y a rien de domanial dans sa propriété? ou bien encore, quoiqu'elle ait une origine domaniale, n'est-elle pas dans la catégorie de celles que la loi de ventôse an 7 déclare non susceptibles de reprise?

Alors, et dans ce cas, tout en convenant de l'origine, il sera de son intérêt d'appeler lui-même le représentant du fisc devant les tribunaux, pour faire juger qu'on n'a rien à lui demander; qu'il a la propriété libre et incontestable de l'immeuble par lui possédé; qu'il n'est sujet ni à l'obligation de délaisser son héritage, ni à celle de payer aucune taxe de confirmation; et il puisera ses moyens dans la loi même de ventôse an 7.

Il sera même fondé à conclure à des dommages-intérêts, outre les dépens, pour raison du tort à lui causé par la notification indûment dirigée contre lui.

En un mot, le parti à prendre par le propriétaire frappé d'une notification, dépend des diverses positions où il peut se trouver, relativement à l'immeuble qui en aura été l'objet.

Nous allons maintenant supposer les différens cas où un propriétaire peut se trouver vis-à-vis du fisc; en commençant par ceux où il pourra justement soutenir que la Régie n'a aucun droit de le rechercher, aucune prétention à élever contre lui.

§ VI.

Cas où le propriétaire ne possède rien de domanial. — Choses non domaniales, encore bien qu'elles aient appartenu aux anciens Rois ou à des princes souverains.

On a vu ci-devant, dans l'exposé de la législation domaniale, que nos anciennes lois, notamment l'ordonnance de Moulins, de 1566, ne réputaient pas domaniaux de plein droit tous les objets indistinctement qui avaient appartenu ou pourraient appartenir à nos rois; mais seulement les biens qui avaient été *expressément consacrés, unis et incorporés au domaine de la couronne,* ou qui avaient été *tenus et administrés par les officiers et receveurs du Domaine pendant l'espace de dix années.*

D'où l'on a conclu qu'il fallait distinguer deux sortes de biens composant le domaine de la couronne : les uns qui, par la nature même des choses, ne peuvent appartenir qu'à la puissance publique : tels que les ports de mer, les fleuves et rivières navigables, les grands chemins, les forteresses, les remparts, fossés et contre-escarpes des places fortes, etc. ; les autres qui ont été dans la suite unis au domaine public par les conquêtes et acquisitions de nos rois, par les successions qu'ils ont recueillies, dons, confiscations, etc.

Ce n'est qu'à l'égard de cette dernière sorte de biens, que s'applique la disposition ci-dessus de l'ordonnance, portant que l'union s'en fait à la couronne, ou *expressément* par des lettres du monarque, ou *tacitement* par le seul effet de la jouissance et du versement des produits dans les caisses du domaine pendant l'espace de dix ans.

Aussi, plusieurs publicistes ont-ils enseigné que ce qui résultait de cette disposition de l'ordonnance, c'est que, pendant ces dix années, le roi restait le maître d'aliéner les nouveaux objets qui lui étaient advenus, et qu'ils ne devenaient inaliénables qu'après dix années d'une administration confuse avec les biens de l'ancien domaine. (Rép. v° dom. § 3.)

C'est ce qui est surtout incontestable, pour les choses qui étaient échues à nos rois par droit d'*aubaine*, de *déshérence*, de *bâtardise* et autres cas que l'on nommait *échûtes* ou *échoïtes*. (Tr. du Dom. par *Lefebvre de la Planche*, liv. 12, ch. 7, § 6, tom. 3, p. 527.)

Supposons donc un bien quelconque qui, depuis l'ordonnance de 1566, serait ainsi advenu à l'un de nos rois; lequel en aurait ensuite disposé en faveur d'un de ses sujets, avant aucune incorporation au domaine, soit expresse, soit tacite, et que le possesseur actuel eût reçu une signification de la Régie à l'effet d'en payer le quart. Il n'aurait aucunement à s'en inquiéter. En prouvant cette origine, il en déduirait victorieusement la conséquence, que l'immeuble par lui possédé ne fit jamais partie intégrante du Domaine proprement dit; et que, par conséquent, il n'est nullement atteint par la loi du 14 ventôse an 7.

Supposons encore un terrain ou héritage provenant d'un don, d'une vente, ou autre concession, faite à quelqu'un par le Prince de l'une des provinces ajoutées à la France, dans les derniers siècles: comme la Lorraine, l'Alsace, la Franche-Comté, le Roussillon, la Flandre, etc.

Encore bien que, depuis la réunion, le domaine personnel du prince serait devenu partie intégrante du Domaine public français, si cependant, à l'époque de la concession, le prince n'avait pas les mains liées par aucune loi prohibitive: on n'aura rien à demander aujourd'hui au détenteur de l'héritage en question; car cet objet n'aura jamais eu le caractère de bien réellement domanial.

Ainsi jugé par un Arrêt de la cour de Nancy,

du 23 août 1819, entre le sieur *Gadel* et la Régie ; arrêt maintenu en cour de cassation, le 15 juillet 1823. (Sirey, t. 23, p. 410).

Pareillement décidé en Conseil d'Etat, le 3 décembre 1808, pour la principauté de *Salm*, située dans le département des *Vosges*, que la Loi du 14 ventôse an 7 n'est point applicable, ni aux biens originairement concédés par les Ducs de Lorraine, aux princes de Salm, par un traité de 1751 ; ni même aux concessions faites par ces princes de Salm, si elles sont antérieures à un traité passé en 1771, entre les membres de cette famille, et par lequel seulement fut établi le principe de l'inaliénabilité de leur domaine princier. (Même recueil, t. 9, 2e partie, p. 205.)

Pareillement jugé, le 30 janvier 1821, par la Cour de cassation, entre les héritiers *Bourlon* et la Régie, que les dispositions de la loi de ventôse an 7 ne sont point applicables aux domaines aliénés par les anciens Ducs de *Bar*, antérieurement à la réunion de ce duché à la couronne de France. (Même recueil, t. 21, p. 146).

§ VII.

Anciennes aliénations de biens domaniaux non atteintes par les lois nouvelles. — Ventes antérieures à 1566. — Petits-Domaines.

On a déjà pu voir dans l'historique de la législation, ci-devant, qu'à l'égard des aliénations de fonds véritablement domaniaux, il est une grande différence à observer, entre celles antérieures à l'ordonnance de 1566, et celles qui n'ont eu lieu que postérieurement à cette ordonnance.

A l'égard des premières, elles ont été ratifiées, confirmées purement et simplement par toutes les lois modernes ; par celle du 1er décembre 90, art. 23 ; par celle même du 10 frimaire an 2, art. 1er ; par celle du 14 ventôse an 7, art. 1er ; pourvu toutefois que le titre de concession ne contînt pas la *clause de retour* ou *de rachat* (mêmes art.) ; autrement, et au cas de cette clause, l'aliénation est révocable, et même dès à présent révoquée et annulée, *à quelque époque qu'elle puisse remonter.* Ce sont les propres expressions de l'article 3 de la loi de ventôse an 7.

Quant aux aliénations *postérieures à* 1566,

surtout celles *à titre gratuit*, les trois lois de 90, de l'an 2 et de l'an 7, s'accordent à les déclarer révocables, et même dès à présent révoquées; quand même elles auraient été faites à titre de concession perpétuelle et irrévocable, san nulle clause de retour, ni réserve de rachat.

Cette disposition rigoureuse n'est, au surplus que la conséquence de la prohibition contenue dans l'édit de 1566, qui défendait généralement toute aliénation du domaine, hors les deux cas spécifiés : *apanage, nécessité de guerre;* et qui, même au cas d'aliénation, *pour nécessité de guerre, après lettres-patentes enregistrées en parlement*, portait qu'il y aurait toujours *faculté de rachat perpétuel.*

Ainsi donc, parmi les détenteurs actuels d'héritages provenans de l'ancien domaine de la couronne, ceux-là seuls dont le titre primitif est antérieur à l'édit de février 1566, peuvent se regarder comme étant à l'abri de toutes recherches; pourvu, encore une fois, que le titre ne contienne aucune clause de retour, ni réserve de rachat.

Mais il peut se rencontrer qu'à l'égard de plusieurs de ces domaines aliénés avant 1566, il n'existe que des titres *récognitifs*, et que l'acte primordial ait disparu. Alors, de deux choses l'une : ou ces titres récognitifs rappellent et désignent un simple engagement, une simple concession temporaire et réversible; ou bien ils rappellent et énoncent une aliénation en toute propriété, sans clause de retour, ni réserve de rachat; et l'on se déterminera d'après cette différence. Au surplus, en cas d'incertitude, et à défaut par le fisc de prouver les conditions de rachat ou de réversion, nul doute que la présomption d'une aliénation en propriété doit être admise en faveur du possesseur; par la raison qu'alors et avant l'édit de 1566, le principe de l'inaliénabilité, bien que déjà énoncé dans quelques édits et déclarations, n'avait pas été bien établi, et qu'il était plus ordinaire de faire des aliénations du domaine, en toute propriété, que par simple engagement.

Une seconde espèce de biens domaniaux se présente, dont l'aliénation, *quoique postérieure à l'édit de 1566*, est cependant respectée et maintenue par les lois nouvelles; c'est celle des terrains appelés *petits-domaines*.

Qu'est-ce qu'on entendait par *petits-domaines*? — Les *terres vaines et vagues*, les *friches*, *bruyères*, *marais*, et autres terrains de nulle valeur ou de peu de rapport, qui dépendaient du Domaine de la couronne.

On a vu ci-devant, dans l'exposé historique, que, par un second édit, donné à Moulins, peu de jours après le premier, au mois de février 1566, enregistré au parlement de Paris le 27 mai suivant, le roi CHARLES IX avait ordonné qu'il serait fait des concessions *à perpétuité, à cens* ou *à rente*, de ces sortes de terrains; sans que ces aliénations pussent être dans la suite révoquées, pour quelque cause ou occasion que ce soit.

L'aliénation de ces sortes de terrains ou biens domaniaux de peu de valeur, fut également autorisée, et même ordonnée par plusieurs édits, déclarations, lettres-patentes et arrêts du conseil, postérieurs; notamment une déclaration du 8 avril 1672, un arrêt du conseil du 29 décembre 1682, édit d'août 1708; lesquels avaient donné à la qualification de *petits-domaines* une étendue beaucoup plus large, en y comprenant les *boqueteaux* épars, les îles et îlots des rivières navigables; des moulins, des prés, etc.

Mais on a vu aussi que nos lois nouvelles, en confirmant les aliénations des petits-domaines, avaient restreint cette confirmation aux seuls objets désignés dans l'édit de février 1566.

La Loi du 1er décembre 1790, art. 31, ne comprend comme tels, que les baux à cens ou à rente, des *terres vaines et vagues, landes, bruyères, palus, marais et terrains en friche, autres que ceux situés dans les forêts.*

La Loi de ventôse an 7 a encore été plus restrictive ; elle ne confirme, art. 5, « que les
« accensemens de *terres vaines et vagues, lan-*
« *des, bruyères, palus et marais non situés*
« *dans les forêts, ou à 715 mètres d'icelles,*
« (100 perches); faits *sans fraude, et pourvu*
« *que les fonds aient été mis et soient actuel-*
« *lement en valeur, suivant que le comporte*
« *la nature du sol.* »

« La même loi confirme encore, art. 5, n° 4,
« les aliénations faites avant le 14 juillet 1789,
« avec ou sans *deniers d'entrée, de terrains*
« *épars quelconques au-dessous de cinq hec-*
« *tares*; *pourvu que ces terrains ne compris-*
« *sent, lors de la concession primitive*, ni des
« maisons, châteaux, moulins, fabriques ou
« autres usines ; à moins qu'il n'y eût *condition*
« *de les démolir,* et que cette condition ait été
« remplie. »

La même loi ajoute, n° 5, quelque chose de plus que les précédentes ; elle confirme même

« *les inféodations, sous-inféodations et ac-*
« *censemens* des terrains dépendans des *fos-*
« *sés, murs et remparts des villes*; pourvu
« qu'il y ait été fait des *établissemens* quelcon-
« ques, ou qu'ils aient été *mis en valeur*.

Mais la même loi ajoute, art. 8, 9 et 11, qu'elle révoque les accensemens de terrains qui auraient été faussement qualifiés vains et vagues; comme aussi les concessions faites par un seul acte, de la totalité des fossés d'une ville.

D'où vous comprenez donc facilement : que ceux qui possèdent aujourd'hui des propriétés provenant d'aliénations, plus ou moins anciennes, de terrains des espèces ci-dessus désignées, c'est-à-dire, landes, friches, marais, etc. n'ont rien à craindre des recherches du fisc ; qu'il n'y a ni quart, ni tiers à leur demander ; encore bien que ces fonds aient été originairement de nature domaniale.

Des marais environnant la ville de *Rochefort* en Poitou, avaient été aliénés en 1687, à divers particuliers, qui les avaient ensuite desséchés, assainis et mis en valeur, à force de travaux et de dépenses. Après la loi de ventôse an 7, la Régie prétendit qu'ils devaient être tenus de payer le quart, à peine d'être évincés : alléguant que ces marais rendaient déjà un certain produit avant la concession ; qu'ils servaient à la pâture des bestiaux pendant une partie de l'année, qu'on y faisait même des coupes d'herbes et de joncs, que les pâtres y avaient des cabanes. Chargé de la défense de leurs intérêts devant la Cour de cassation, j'ai réussi à faire rejeter la prétention du fisc, par Arrêt rendu le 1er prairial an 13, au rapport de M. Brillat-Savarin. (V. les recueils de la C. de cass. à cette date.)

Mais, par un autre Arrêt de la même cour, en date du 10 brumaire an 12, il a été jugé que le bénéfice de l'article 5 de la même loi de ventôse ne pouvait être appliqué à un accensement comprenant un moulin, des prés et un jardin, que le détenteur prétendait devoir être rangés dans la classe des petits-domaines.

Par deux autres Arrêts de la même cour, l'un du 27 décembre 1813, l'autre du 4 décembre 1827, Jugé que, pour l'application des exceptions portées aux articles 5, 8 et 9 de la loi de ventôse, ce n'est pas l'état actuel des terrains qu'il faut considérer, mais celui où ils étaient à l'époque de la concession originaire. (*Sirey*, t. 28, 1, 206.)

Jugé encore par la même cour, le 10 février 1808, sur ma plaidoirie, pour Mme *de Ludres*, née *de Salles :* que l'exception portée au § 3 de l'article 5 de la loi de ventôse, avait pu être appliquée à un terrain provenant de l'aliénation d'un bois domanial vendu à la charge de le défricher ; attendu qu'il résultait de l'acte même de vente, que ce n'était qu'un bois de mauvaise venue ; qu'un prix particulier avait été payé pour la coupe de la superficie, et que c'était le sol nu qui avait été ensuite soumis à un cens. (Même recueil, 1808, p. 192.)

Je ne pense pas, au surplus, qu'on réussirait à faire appliquer aujourd'hui la disposition de *l'article* 10 de la loi de ventôse, portant que les inféodations faites de terrains qualifiés vains et vagues, *à des ci-devant gentilshommes titrés, ou autres personnes ayant charge à la cour*, seront de plein droit *réputées frauduleuses.*

§ VIII.

Biens domaniaux provenant d'Échanges maintenus par les lois nouvelles.

On a vu ci-devant, dans l'exposé de la législation, que quant aux biens domaniaux provenant d'*échanges* faits avec la Couronne, il est une grande distinction à faire, entre les échanges qui étaient complètement *consommés* lors de la révolution, et ceux qui ne l'étaient point.

Quant aux premiers, ils sont respectés, et par la loi du 1er décembre 1790, et par celle de ventôse an 7; mais l'une et l'autre s'accordent à ne regarder comme *consommés*, que ceux-là qui ont été précédés et accompagnés de toutes les formalités prescrites; notamment des *évaluations* ordonnées par l'*Édit d'octobre* 1711, suivies de lettres-patentes dites *de ratification*, dûment *enregistrées* dans les cours, conformément au même édit.

Il est bien entendu, toutefois, que les formes prescrites par cet édit d'octobre 1711, ne peuvent être exigées que par rapport aux échanges qui l'ont suivi, et non à ceux antérieurs.

Encore, les mêmes lois ajoutent-elles, que même à l'égard des échanges *consommés*, ils peuvent être révoqués ou annulés, malgré la plus exacte observation des formes prescrites, s'il est reconnu qu'il y a eu *fraude* et *simulation*, et par suite *lésion* au détriment du Domaine; lésion d'un *huitième*, suivant la loi de 1790, d'un *quart*, suivant celle de l'an 7.

A l'égard des échanges *non consommés*; c'est-à-dire non complètement terminés, ratifiés et sanctionnés *avant la convocation* de la 1re Assemblée dite constituante, on a vu qu'ils avaient été frappés d'une annulation générale par les lois de 1790, de l'an 2 et de l'an 7.

On a vu que le sort des détenteurs de biens provenant de ces échanges non consommés, avait d'abord été déterminé d'une manière bien rigoureuse, par une loi du 10 frimaire an 2, qui avait ordonné leur dépossession, *ipso facto*; sans restitution préalable des objets cédés en contre-échange à la couronne; qu'ensuite la loi de ventôse an 7 les avait admis à obtenir la concession définitive des biens domaniaux dont ils n'avaient pas encore été dépouillés, ou qui seraient encore sous le séquestre, en offrant de payer *le quart de leur valeur*; sauf toutefois les *forêts au-dessus de 150 hectares*; à l'égard desquelles forêts, il fut réservé de statuer par une loi particulière. (Art. 13, 14, 15.) — Qu'ensuite une Loi *du 11 pluviôse an 12* avait ordonné que ces forêts seraient définitivement retenues par l'État, sauf à remettre à l'échangiste les objets par lui donnés en contre-échange, s'ils existaient encore en nature dans les mains du Gouvernement, ou bien, en cas d'aliénation de ces objets, une indemnité à liquider. — Qu'ensuite un article de la Loi *du 28 avril* 1816 ayant admis les *engagistes* de forêts de cette classe à les soumissionner moyennant le quart de leur valeur estimative, une dernière Loi *du* 15 *mai* 1818 avait admis les *échangistes* à faire la même soumission ; qu'elle les avait même admis à ne payer que le montant des *soultes* résultantes des *évaluations* qui auraient eu lieu avant l'échange.

De tout quoi il suit : qu'en ce qui concerne les *biens domaniaux provenans d'échanges*, la Régie n'a plus rien à demander, soit pour raison de ceux dont les échanges étaient *consommés* avant la révolution , soit pour raison de ceux provenans d'échanges *non consommés*, s'il a été satisfait aux lois ci-dessus, de ventôse an 7, du 28 avril 1816, et du 15 mai 1818.

§ IX.

Voies à prendre par les Propriétaires qui ont reçu des significations de la Régie. — Actions diverses, suivant la différence des cas.

Supposons donc maintenant un propriétaire, qui, ayant reçu une notification de la régie, s'est convaincu, après y avoir bien réfléchi, qu'il ne possède rien de domanial; ou que ce qu'il possède de domanial est dans la catégorie des biens originairement domaniaux que la loi même de ventôse an 7 a déclarés non sujets à aucun droit de confirmation. — Craint-il que cette notification ne fasse tort à son crédit, ne nuise à sa propriété, n'en déprécie la valeur vénale? et veut-il sortir de cette position?

Nul doute, suivant nous, qu'il ne puisse dès à présent faire cesser cette molestation, en faisant citer la Régie en justice, pour qu'elle ait à reconnaître que le requérant ne possède aucune sorte de biens d'origine domaniale, ou qui soit sujet à la taxe de confirmation imposée par la loi de ventôse an 7; qu'elle ait en conséquence à se désister de la sommation qu'elle s'est ingérée de lui faire notifier; sinon la voir déclarer nulle, abusive, vexatoire et comme non avenue; et, pour avoir troublé l'exposant dans la jouissance de sa propriété, et lui avoir causé un tort considérable en dépréciant la valeur vénale de ladite propriété par cette indue signification, se voir condamner en tels dommages et intérêts qu'il appartiendra.

Alors, sur cette citation en justice, de deux choses l'une : ou la Régie sera en état de justifier par titres bien positifs, que l'héritage en question est réellement d'origine domaniale et soumis aux dispositions fiscales de la loi de ventôse; ou bien elle sera dans l'impuissance de faire cette justification.

Au premier cas, il faudra bien se soumettre à payer la taxe imposée par cette loi.

Au second cas, la sommation sera en effet déclarée abusive, vexatoire, nulle et comme non avenue ; la régie condamnée à des dommages-intérêts ; et, par ce jugement, la propriété du réclamant se trouvera affranchie de toute recherche et inquiétation ultérieure, de la part des agens du domaine.

Il y a plus : Supposons un propriétaire qui, n'ayant pas des données bien certaines sur la franchise de son héritage, et ne se souciant pas de soulever la question de domanialité au fond, ne voudrait que se procurer le provisoire qu'on nomme *maintenue possessoire.* — Nul doute, suivant nous, qu'il ne puisse également, pour l'obtenir, intenter contre la régie l'action qu'on nomme *complainte.* Car il y a bien certainement ici le trouble, qu'en jurisprudence on nomme *trouble de droit,* et qui donne lieu à l'action possessoire, aussi bien que le trouble *de fait.* (Pothier, *Tr. de la Poss.*, n° 1 et 3. Tous les auteurs.)

La sommation que j'ai reçue de la Régie n'est-elle pas en effet une agression, un acte hostile et offensif, tendant à faire croire que je ne suis pas légitime propriétaire ; qui me menace d'une dépossession prochaine, si je ne me hâte de satisfaire à la taxe qu'elle veut m'imposer ?

Or, pour obtenir le bénéfice de la maintenue possessoire, en cas de trouble, chacun sait qu'il n'est besoin de produire aucun titre ; qu'il ne faut prouver qu'une seule chose : le fait d'une *possession réelle*, à titre de propriétaire, *animo domini*, depuis *an et jour* au moins ; que sur l'unique preuve de cette possession, laquelle peut se faire par témoins, le juge ne peut se dispenser de vous adjuger la maintenue.

Chacun sait encore, qu'une fois muni de cette maintenue provisoire, vous ne pouvez plus être dépossédé, que par celui qui, par titres irrésistibles, démontre que c'est lui qui est le véritable et unique propriétaire.

Mais celui qui veut user de cette action purement possessoire, doit faire grande attention à une chose : c'est qu'elle doit être intentée *dans l'année du trouble* ; c'est qu'après l'expiration de ce délai, elle n'est plus recevable.

Chacun sait enfin, qu'en fait d'actions possessoires, le seul juge compétent pour en connaître, c'est le juge de paix du canton où est situé le terrain litigieux ; comme, aussi qu'en fait d'*actions mixtes*, c'est-à-dire ayant tout à la fois pour objet d'obtenir une condamnation *pécuniaire* contre quelqu'un, et la maintenue *en propriété* d'un héritage, il est *au choix* du demandeur de citer devant le tribunal civil *du domicile du défendeur*, ou devant celui *de la situation* de l'héritage. (Code de procédure, articles 3 et 59.)

§ X.

Cas où les Propriétaires inquiétés par la Régie peuvent être fondés à exercer des recours en garantie.

C'est une maxime universellement reçue de tout temps, consacrée par un article formel de notre Code civil (1626), que tout *vendeur* est obligé, de plein droit, à garantir l'acquéreur *des évictions* qu'il souffre, ou dont il est menacé, dans la totalité ou partie de l'immeuble vendu; comme aussi, des *charges* prétendues sur cet immeuble, et *non déclarées* dans le contrat.

D'un autre côté, il est aussi de principe que le vendeur n'est nullement tenu à la garantie des évictions, dont la cause n'existait pas antérieurement à la vente, et qui ne sont point de son fait; ni de celles qui ne sont que la conséquence d'une loi générale du pays, ou d'une volonté arbitraire du gouvernement.

Encore moins est-il tenu des *charges* qui sont *de droit commun*, et censées connues de tous ; encore bien qu'elles ne fussent pas déclarées dans le contrat.

Encore moins est-il tenu des évictions dont la cause a été indiquée au contrat, ou dont il est démontré que l'acquéreur avait connaissance (V. Pothier, Tr. du contrat de Vente, part. 2, ch. 1er, sect. 2 et 3.)

C'est encore un autre principe fondamental, qu'après un partage des biens d'une succession entre plusieurs héritiers, ces *cohéritiers* demeurent respectivement *garans*, les uns envers les autres, des *troubles et évictions* qu'ils éprouvent dans les lots qui leur sont échus, et qui *procèdent d'une cause antérieure au partage* (C. civ. 883.)

Ces principes rappelés, il sera facile de distinguer les cas où les divers propriétaires, aujourd'hui troublés par la Régie, seront fondés à appeler en garantie leurs vendeurs ou cohéritiers.

Dans le contrat de vente, dans l'acte de partage, a-t-il été rappelé que les immeubles provenaient d'une concession domaniale ? — Nulle garantie à prétendre ; car, par cette mention, l'acquéreur ou le copartageant a été averti des risques attachés à la possession de cet immeuble; et il est censé s'être soumis à en subir les conséquences.

Au contraire, aucune clause ni mention dans l'acte n'indiquait-elle l'origine domaniale de l'immeuble?—Nul doute que le possesseur, actuellement troublé, a droit d'appeler en garantie ses vendeurs ou cohéritiers; car le trouble qu'il éprouve, l'éviction dont il est menacé, procède d'une cause *antérieure* au contrat, d'une cause qui a son principe dans le célèbre édit de 1566 et dans toutes les lois postérieures, d'un vice particulier inhérent à l'immeuble et qu'on lui a dissimulé.

Vainement l'appelé en garantie tenterait de dire que l'éviction ne procède que de la loi de ventôse an 7; partant, d'une cause nouvelle, postérieure au contrat, et hors de toute prévoyance au temps dudit contrat.—La réponse serait que cette loi de ventôse an 7 n'est que le développement de celle du 1ᵉʳ *décembre* 1790, qui n'est elle même que l'application, la mise à exécution de l'*Édit de* 1566. On ne peut nullement dire ici que l'éviction procède d'une volonté arbitraire du gouvernement, d'un cas de force majeure, impossible à prévoir au moment de la vente.

§. XI.

Cas où le Propriétaire ne peut méconnaître que l'immeuble, par lui possédé, dérive d'une ancienne concession domaniale, et que cette aliénation est frappée de révocation par la Loi de ventôse an 7.

Alors il n'a rien de mieux à faire, que de se soumettre à la nécessité de payer la taxe qui lui est imposée par cette loi; de se conformer à toutes les formalités qu'elle prescrit; à l'effet d'être maintenu définitivement et irrévocablement dans la jouissance de son héritage; ainsi que l'assurance lui en est donnée en termes si solennels, à la fin de l'article 14 de ladite loi du 14 ventôse an 7. (En voir le texte ci-après.)

Cependant examinons une dernière question.

§ XII.

Nonobstant les sommations signifiées, les Détenteurs ne pourront-ils pas opposer au Domaine l'exception de Prescription?

Sous les anciennes lois, les biens faisant partie du Domaine de la couronne étaient imprescriptibles. Cette imprescriptibilité était une suite de ce qu'ils étaient considérés comme inaliénables, hors du commerce.

Mais, par la Loi du 1er décembre 1790 et autres subséquentes, ces biens ayant au contraire été formellement déclarés aliénables, et mis dans le commerce, excepté ceux-là seulement qui ne sont pas susceptibles d'une propriété privée, tels que les ports, les havres, les fleuves, les grands chemins, les places publiques : il s'ensuivait nécessairement qu'à partir de cette époque ils étaient devenus prescriptibles ; et en effet, la Loi du 1er décembre 1790 les déclare expressément tels, par un article formel :

« *La prescription aura lieu, à l'avenir,* pour « les *domaines nationaux dont l'aliénation est* « *permise par les décrets de l'Assemblée natio-* « *nale* ; et *tous les détenteurs d'une portion* « *quelconque desdits domaines, qui justifie-* « *ront en avoir joui par eux-mêmes ou par* « *leurs auteurs, publiquement et sans trouble,* « PENDANT QUARANTE ANS *continuels, à comp-* « *ter du jour de la publication du présent* » *décret,* SERONT A L'ABRI DE TOUTE RECHER- « CHE. » (art. 36.)

On ne peut rien de plus clair.

Est ensuite venu notre Code civil, qui, confirmant et proclamant de nouveau cette disposi-

tion de la loi de 90, a dit, en son article 2227 :
« L'ÉTAT, les établissemens publics, les commu-
« nes, *sont* SOUMIS AUX MÊMES PRESCRIPTIONS
« QUE LES PARTICULIERS. »

Il n'excepte de cette règle générale que *les choses qui ne sont point dans le commerce.* (2226.)

Il y a plus : c'est que le même code, dans ses articles subséquens, a réduit, pour tout le monde, et par conséquent pour *l'État* comme pour les particuliers, le plus long temps nécessaire à la prescription, à l'espace de *trente années.* (2262.)

A la vérité, le même Code, dans son article 2281, termine par dire : « que les *prescriptions*
« commencées à l'époque de sa publication, se-
« ront réglées *conformément aux lois ancien-*
« *nes.* » — sauf néanmoins que, « ces pres-
« criptions commencées avant le Code seront
« toujours tenues pour accomplies, *après un*
« *laps de* TRENTE *ans depuis ledit Code, quand*
« *même il en faudrait un plus long suivant les*
« *anciennes lois.* »

Actuellement comptons. — Suivant la loi du 1ᵉʳ décembre 1790, les *quarante ans* à partir de cette loi, pour prescrire contre l'État, seront révolus *en décembre* 1830.

Les *trente ans* à partir de la publication du Code, qui a eu lieu *fin de mars* 1804, expireront *fin de mars* 1834.

Cela posé, maintenant supposons un particulier, investi de la possession d'un terrain d'origine domaniale, dès avant 1790, et qui jusqu'ici en a joui *publiquement et sans trouble, à titre de propriétaire* : — A la fin de mars 1830, ne sera t-il pas en droit d'opposer la prescription aux Agens du Domaine ?

L'affirmative me paraît incontestable, si d'ici à ce terme il ne reçoit pas, de leur part, de notification différente de celle posée à mon domicile.

Car, suivant le même code, *art.* 2244, pour interrompre la prescription, il ne suffit pas d'une simple *sommation* de faire telle ou telle chose; il faut une *citation en justice*, un *commandement*, ou une *saisie* : ce qui est tout autre chose qu'une simple sommation extrajudiciaire.

Et, quant à ceux qui n'ont commencé à prescrire que *depuis la publication* du code, leur prescription se trouvera complètement acquise à la fin de *mars* 1834.

Il y a mieux encore : Suivant l'*art.* 2265,
« *Celui qui a acquis de bonne foi et par juste*
« *titre un immeuble, en prescrit la propriété*

« PAR DIX ANS, *si le véritable propriétaire*
« *habite dans le ressort de la cour d'appel,*
« dans l'étendue de laquelle l'immeuble est situé;
« et, PAR VINGT ANS, *s'il est domicilié hors dudit*
« *ressort.* »

Supposons donc un particulier qui, depuis le Code, aurait acquis un terrain d'origine domaniale, par titre en bonne forme, dans lequel il n'aurait été fait nulle mention de cette origine; dans lequel au contraire ce terrain aurait été présenté comme entièrement patrimonial ; en telle sorte que l'acquéreur devrait être présumé l'avoir acheté de bonne foi, *comme propriété parfaitement libre,* exempte de toute domanialité : — Il nous semble également hors de doute qu'il peut dès à présent prétendre avoir prescrit par une simple possession de *dix ans :* car le Fisc est *présent partout.* En chaque département l'État a au moins deux représentans, sous le rapport dont il s'agit : le *Préfet* et le *Directeur des domaines.*

Veut-on que la personne morale de l'*État* ne puisse être considérée comme *présente*, qu'au chef-lieu, dans la capitale où réside le Gouvernement ? — soit. Eh bien ! même dans cette hypothèse, il sera au moins incontestable que, pour tous les biens domaniaux situés dans le ressort de la Cour d'appel de Paris, la prescription aura pu être acquise *par dix ans;* et que les *vingt ans* ne seront nécessaires que quant aux immeubles situés hors de ce ressort.

Opposera-t-on qu'il est de principe, que ceux qui ne possèdent qu'*à titre précaire*, ne peuvent jamais prescrire les choses qu'ils détiennent, par quelque laps de temps que ce soit; que ce principe est rappelé dans l'art. 2236 du Code civil; que jusqu'ici, tous les possesseurs de biens domaniaux n'ont été que des possesseurs *à titre précaire*, au moins le plus grand nombre; puisque la Loi du 1er septembre 1790 et celle de ventôse an 7, déclarent *simples engagemens*, toutes les aliénations faites du domaine *depuis* 1566, même celles qui ont été faites à titre de ventes incommutables, de propriétés perpétuelles et irrévocables?

On en convient : cet argument pourra être de quelque force vis-à-vis des particuliers qui auront possédé comme simples engagistes, ou avec des titres qui les avertissaient que leur immeuble provenait d'une ancienne concession du domaine, sujette à révocation. Mais il ne sera d'aucune valeur contre ceux qui auront possédé en vertu de titres qui leur auront transmis l'immeuble comme purement patrimonial, comme appartenant en toute propriété au vendeur et aux précédens possesseurs.

En effet, s'il est de règle générale que les simples *engagistes* ne peuvent *prescrire contre leur titre*, non plus que les fermiers, les simples usufruitiers, il est un autre principe non moins certain et non moins puissant : c'est que si un simple usufruitier, un simple engagiste, même un simple fermier, a vendu l'immeuble par lui possédé, comme lui appartenant en pleine propriété; et si l'on a laissé jouir l'acheteur pendant le temps suffisant pour prescrire, cet acquéreur prescrit en effet l'entière propriété de cet immeuble ; parce qu'en ce cas il a possédé à titre de propriétaire, et non de simple engagiste ; parce qu'en ce cas son titre l'autorisait à se croire plein et légitime propriétaire ; parce qu'en ce cas *il ne prescrit pas contre son titre*, mais *conformément à son titre*.

Cette vérité, enseignée dans tous les anciens livres de Droit, se trouve consacrée par un article formel de notre Code civil : « *Ceux à qui* « *les fermiers, dépositaires, et autres déten-* « *teurs précaires, ont transmis la chose, par* « *un titre translatif de propriété*, PEUVENT « LA PRESCRIRE. » (2239.)

Or, telle est certainement la position d'un

grand nombre des personnes qui ont reçu des sommations de la Régie, comme possédant des objets d'origine domaniale.

Alors même que certains fonds par elles possédés auraient en effet une telle origine, si elles les ont néanmoins possédés pendant un certain temps comme biens purement patrimoniaux et libres, en vertu d'un titre translatif de propriété, nous croyons pouvoir leur garantir qu'elles seront admises à opposer utilement aux recherches du fisc l'exception de prescription, en conformité des dispositions formelles de la Loi de décembre 1790 et du Code civil.

Me GUICHARD père,

Avocat aux Conseils du Roi
et à la Cour de Cassation,

Paris, 5 mars 1829.

TEXTE

DES PRINCIPALES LOIS

DE LA MATIÈRE.

Ordonnance *concernant le Domaine de la Couronne.*

(Février 1566.)

Art. Ier. Le domaine de notre couronne ne peut être aliéné qu'en deux cas seulement : l'un pour *appanage* des puisnez mâles de la Maison de France ; auquel cas y a retour à nostre couronne par leur deceds sans mâles, en pareil estat et condition qu'estait ledit domaine lors de la concession de l'appanage, nonobstant toutes disposition, possession, acte exprès ou taisible fait ou intervenu pendant l'appanage ; l'autre pour l'aliénation à deniers comtans pour la *nécessité de la guerre,* après lettres-patentes pour ce décernées et publiées en nos parlemens, auquel cas y a *faculté de rachat perpétuel.*

II. Le domaine de nostre couronne est entendu celui qui est expressément consacré, uni et et incorporé à nostre couronne, ou qui a esté tenu et administré par nos receveurs et officiers par l'espace de *dix ans,* et est entré en ligne de compte.

III. De pareille nature et condition sont les terres autrefois aliénées et transférées par nos prédécesseurs rois, à la charge de retour à la couronne, en certaines conditions de mâle, ou autres semblables.

V. Défendons à nos cours de parlemens et chambres des comptes, *d'avoir aucun égard aux lettres-patentes contenant aliénation de nostre domaine et fruits d'icelui, hors les cas susdits,* pour quelque cause et temps que ce soit, encore que ce fût pour un an ; et leur est inhibé de procéder à l'entérinement et vérification d'icelles; et ne seront tenues pour valablement entérinées celles qui auront ci-devant été octroyées, sinon qu'elles eussent esté vérifiées, tant en nosdites cours de parlemens que chambre des comptes, et chacune desdites cours et chambres; et ne sera, par vertu d'icelles, aucune chose allouée aux comptes des officiers comptables dudit domaine.

VIII. Ceux auxquels nostre domaine aurait esté duement aliéné pour les causes que dessus, ne pourront néanmoins couper les bois de *haute-fustaye*, ni toucher aux forests qui seront esdites terres; et si fait l'avaient, seront contraints à la restitution du profit et dommage qui en serait advenu.

IX. Les bois de haute-fustaye à nous appartenans ne pourront estre aliénez, ni don fait des coupes d'iceux ou des deniers qui en procederont, sur peine de nullité et de restitution des valeurs, fruits et profits, comme dessus.

XI. Ne se pourra faire aucune coupe des bois de *haute-fustaye* ès terres de nostre domaine, ne semblablement bail des terres vaines ou vagues, sinon qu'il y ait les lettres-patentes par nous décernées pour cet effet, addressées à nos parlemens et gens des comptes, et vérification d'icelles faite esdits parlemens et chambres des comptes, sur peine de nullité, et restitution des valeurs, fruits et profits, comme dessus.

XIX. Et enjoignons très expressément à nos procureurs de tenir la main à la protection, conservation, poursuite et réunion de nostre domaine, sur peine de répondre de la perte d'icelui, qui serait advenüe par leur fait et faute.

ÉDIT *pour la réunion des Domaines du Roi.*

(Avril 1667.)

1. Statuons et ordonnons que tous les domaines alienez à quelques personnes, pour quelques causes

et depuis quelque temps que ce soit (à l'exception toutefois des dons faits aux églises, douaires, apanages et échanges faits sans fraude ni fiction, en conséquence d'édits bien et duement vérifiez), seront et demeureront à toujours réunis à notre couronne, nonobstant toute prétention de prescription et espace de temps, pendant lequel les domaines et droits en pourraient avoir été séparez, sans qu'ils en puissent être ci-après distraits ni alienez par tout ou partie, pour quelque cause que ce puisse être : si ce n'est pour apanage des enfans mâles puisnez de France, et à la charge de reversion le cas échéant.

2. Le domaine de notre couronne est entendu celui qui est expressément consacré, uni et incorporé à notredite couronne, ou qui a été tenu et administré par nos receveurs et officiers par l'espace de dix années, et est entré en ligne de compte : et à cet effet la preuve de la qualité desdits domaines, pourra être faite par des extraits d'édits, d'arrêts, déclarations, réglemens, comptes et registres de la chambre de nos comptes, papiers terriers, fois, hommages, aveux, dénombremens, baux à ferme, partages et autres actes concernant les domaines, qui seront tirez des greffes de nos parlemens, chambres de nos comptes, bailliages et sénéchaussées, bureaux des trésoriers de France, du trésor et autres.

10. Ceux qui se trouveront en possession des terres vaines et vagues, landes, marais, étangs, communes et autres domaines baillés et concédés à deniers d'entrée, à cens, rentes et redevances, par inféodation à perpétuité, à tems ou à vie, ou autrement; comme aussi les détenteurs des boutiques, échoppes et places baillées par baux emphytéotiques, seront tenus de représenter les titres et baux de leurs concessions; pour être pourvu à leur remboursement, augmentation, impenses et améliorations, ou les y maintenir et conserver, ainsi qu'il sera jugé par notre conseil, au rapport de nosdits commissaires.

18. Les engagistes qui auront abattu nos bois de haute-futaye, sans nos lettres patentes bien et duement régistrées, et contre les défenses portées par

nos ordonnances, ou avancé les coupes des taillis, ruiné ou dégradé les forêts et bois de notre domaine, en quelque sorte et manière que ce puisse être, seront tenus, outre la restitution de la valeur et profit d'icelle, suivant la juste estimation, de payer les dommages et intérêts.

Édit *concernant les Échanges.*

(Octobre 1711.)

Art. I*er*. Ordonnons qu'à l'avenir, lorsqu'il s'agira de faire *l'estimation* et *l'aliénation* d'aucuns de nos domaines, soit de ceux qui seront donnés en *apanage* aux princes de notre maison, ou qui seront assignés pour la *dot* ou le *douaire* des reines, *même de ceux qui seront échangés contre des terres et seigneuries de nos sujets*, il soit procédé par des commissaires qui seront par nous nommés et députés par lettres-patentes que nous ferons expédier à cet effet.

II. Abrogeons l'usage qui s'est pratiqué en plusieurs occasions de faire faire des évaluations des mêmes domaines; ce que nous leur avons expressément défendu et défendons par ces présentes.

III. Voulons que tous les *procès-verbaux d'évaluation* qui seront dressés par nos commissaires soient *rapportés en notre conseil*, pour y être *examinés*, et en être par nous ordonné ainsi qu'il appartiendra;

Et en ce cas que nous jugions à propos de les *confirmer*, nous en ferons expédier nos *lettres-patentes*, que nous ferons ensuite *registrer en nos chambres des comptes*, pour être exécutées selon leur forme et teneur.

IV. Voulons aussi et ordonnons que lorsque les commissaires qui seront par nous députés pour faire lesdites *évaluations*, seront choisis et nommés d'entre les officiers de quelqu'une de nos chambres des comptes, les procédures soient faites pendant le cours desdites évaluations à la requête de notre procureur général en ladite chambre, et qu'à cet effet, il soit nommé dans la commission, et puisse assister à toute l'instruction qui sera faite en conséquence pour y requérir, conclure, contester, s'opposer et stipuler ce qui conviendra pour le bien de notre service; même assister aux délibérations sans néanmoins y opiner.

Décret *concernant le Domaine public ou national.*

(Du 22 novemb. 1790. — Sanct. le 1er décemb. suiv.)

L'assemblée nationale, considérant, 1° que le domaine public a formé pendant plusieurs siècles la principale et presque l'unique source de la richesse nationale, et qu'il a long-temps suffi aux dépenses ordinaires du Gouvernement: que livré, dès le principe, à des déprédations abusives, et à une administration vicieuse, ce domaine précieux, sur lequel reposait la prospérité de l'État, se serait bientôt anéanti, si ses pertes continuelles n'avaient été réparées de différentes manières, et surtout par la réunion des biens particuliers des princes qui ont successivement occupé le trône.

2° Que le domaine public, dans son intégrité et avec ses divers accroissemens, appartient à la Nation; que cette propriété est la plus parfaite qu'on puisse concevoir, puisqu'il n'existe aucune autorité supérieure qui puisse la modifier ou la restreindre; que la faculté d'aliéner, attribut essentiel du droit de propriété, réside également dans la nation, et que si, dans des circonstances particulières, elle a voulu en suspendre pour un temps l'exercice, comme cette loi suspensive n'a pu avoir que la volonté générale pour base, elle est de plein droit abolie, dès que la nation, légalement représentée, manifeste une volonté contraire;

3° Que le produit du domaine est aujourd'hui trop au-dessous des besoins de l'État, pour remplir sa destination primitive; que la maxime de l'inaliénabilité, devenue sans motifs, serait encore préjudiciable à l'intérêt public, puisque des possessions foncières livrées à une administration générale, sont frappées d'une sorte de stérilité, tandis que dans la main de propriétaires actifs et vigilans, elles se fertilisent, multiplient les subsistances, animent la circulation, fournissent des alimens à l'industrie et enrichissent l'État;

4° Que toute concession, toute distraction du domaine public, est essentiellement révocable, si elle est faite sans le concours de la nation; qu'elle conserve, sur les biens ainsi distraits, la même autorité et les mêmes droits que sur ceux qui sont restés dans ses mains; que ce principe, qu'aucun laps de temps ne peut affaiblir, dont aucune formalité ne peut éluder l'effet, s'étend à tous les objets détachés du domaine national, sans aucune exception;

Considérant enfin, que ce principe exécuté d'une manière trop rigoureuse, pourrait avoir de grands inconvéniens dans l'ordre civil, et causer une infinité de maux partiels, qui influent toujours plus ou moins sur la somme du bien général; qu'il est de la dignité d'une grande nation et du devoir de ses représentans d'en tempérer la rigueur, et d'établir des règles fixes propres à concilier l'intérêt national avec celui de chaque citoyen : — Décrète ce qui suit :

§ Ier.

De la nature du Domaine national et de ses principales divisions.

ART. Ier. Le domaine national, proprement dit, s'entend de toutes les propriétés foncières et de tous les droits, réels ou mixtes, qui appartiennent à la nation, soit qu'elle en ait la possession et la jouissance actuelle, soit qu'elle ait seulement le droit d'y rentrer par voie de rachat, droit de réversion ou autrement.

II. Les chemins publics, les rues et les places des villes, les fleuves et rivières navigables, les rivages, lais et relais de la mer, les ports, les havres, les rades, etc., et en général toutes les portions du territoire national qui ne sont pas susceptibles d'une propriété privée, sont considérés comme des dépendances du domaine public.

III. Tous les biens et effets, meubles ou immeubles, demeurés vacans et sans maître, et ceux des personnes qui décèdent sans héritiers légitimes, ou dont les successions sont abandonnées, appartiennent à la nation.

IV. Le conjoint survivant pourra succéder, à défaut de parens, même dans les lieux où la loi territoriale a une disposition contraire.

V. Les murs et les fortifications des villes entretenus par l'État, et utiles à sa défense, font partie des biens nationaux; il en est de même des anciens murs, fossés et remparts de celles qui ne sont point places fortes; mais les villes et communautés qui en ont la jouissance actuelle y seront maintenues, si elles sont fondées en titres, ou si leur possession remonte à plus de dix ans; et à l'égard de celles dont la possession aurait été troublée ou interrompue depuis quarante ans, elles y seront rétablies. Les particuliers qui justifieront de titres valables, ou d'une possession paisible et publique depuis quarante ans, seront également maintenus dans leur propriété et jouissance.

VI. Les biens particuliers du prince qui parvient au trône, et ceux qu'il acquiert pendant son règne, à quelque titre que ce soit, sont de plein droit, et à l'instant même, unis au domaine de la nation, et l'effet de cette union est perpétuel et irrévocable.

VII. Les acquisitions faites par le roi à titre singulier, et non en vertu des droits de la couronne, sont et demeurent pendant son règne, à sa libre disposition; et ledit temps passé, elles se réunissent de plein droit et à l'instant même, au domaine public.

§ II.

Comment et à quelles conditions les Domaines nationaux peuvent être aliénés.

VIII Les domaines nationaux et les droits qui en

dépendent, sont et demeurent inaliénables, sans le consentement ou le concours de la nation ; mais ils peuvent être vendus ou aliénés à titre perpétuel et incommutable, en vertu d'un décret formel du corps législatif, sanctionné par le roi, en observant les formalités prescrites pour la validité de ces sortes d'aliénations.

IX. Les droits utiles et honorifiques, ci-devant appelés *régaliens*, et notamment ceux qui participent de la nature de l'impôt, comme droits d'aides et autres y joints, contrôles, insinuations, centième denier, droits de nomination et de casualité des offices, amendes, confiscations, greffes, sceaux et tous autres droits semblables, ne sont point communicables ni cessibles ; et toutes concessions de droits de ce genre, à quelque titre qu'elles aient été faites, sont nulles, en tout cas révoquées par le présent décret.

X. Les droits utiles, mentionnés dans l'article précédent, seront, à l'instant de la publication du présent décret, réunis aux finances nationales ; et dès lors ils seront administrés, régis et perçus par les commis, agens ou préposés des compagnies établies par l'administration actuelle, dans la même forme et à la charge de la même comptabilité, que ceux dont la régie et administration leur est actuellement confiée.

XI. Les obligations que le Roi pourrait avoir contractées pour rentrer dans les droits ainsi concédés, seront annulées comme ayant été consenties sans cause ; et les rentes cesseront du jour de la publication du présent décret.

XII. Les grandes masses de bois et forêts nationales demeurent exceptées de la vente et aliénation des biens nationaux, permise ou ordonnée par le présent décret et autres décrets antérieurs.

XIII. Aucun laps de temps, aucunes fins de non-recevoir ou exceptions, excepté celles résultant de l'autorité de la chose jugée, ne peuvent couvrir l'irrégularité connue et bien prouvée des aliénations faites sans le consentement de la nation.

XIV. L'assemblée nationale exempte de toute recherche et confirme, en tant que besoin, 1° les contrats d'échange faits régulièrement dans la forme, et consommés sans fraude, fiction ni lésion, avant la convocation de la présente session; 2° les ventes et aliénations pures et simples; sans clause de rachat, même les inféodations, dons et concessions à titre gratuit, sans clause de réversion, pourvu que la date de ces aliénations, à titre onéreux ou gratuit, soit antérieure à l'ordonnance de février 1566.

XV. Tout domaine dont l'aliénation aura été révoquée ou annulée, en vertu d'un décret spécial du corps législatif, pourra être sur-le-champ mis en vente avec les formalités prescrites pour l'aliénation des biens nationaux, à la charge par l'acquéreur d'indemniser le possesseur, et de verser le surplus du prix à la caisse de l'extraordinaire.

§ III.

Des Apanages.

XVI. Il ne sera concédé à l'avenir aucun apanage réel; les fils puînés de France seront élevés et entretenus aux dépens de la liste civile, jusqu'à ce qu'ils se marient, ou qu'ils aient atteint l'âge de vingt-cinq ans accomplis: alors il leur sera assigné sur le trésor national des rentes apanagères, dont la quotité sera déterminée à chaque époque par la législature en activité.

XVII. Les fils puînés de France, et leurs enfans et descendans, ne pourront, en aucun cas, rien prétendre ni réclamer à titre héréditaire dans les biens meubles ou immeubles délaissés par le roi, la reine et l'héritier présomptif de la couronne.

§ IV.

Des Échanges.

XVIII. Tous contrats d'échange des biens nationaux non consommés, et ceux qui ne l'ont été que depuis la convocation de l'assemblée nationale, seront examinés pour être confirmés ou annulés par un décret formel des représentans de la nation.

XIX. Les échanges ne seront censés consommés qu'autant que toutes les formalités prescrites par les lois et réglemens auront été observées ou accomplies en entier; qu'il aura été procédé aux évaluations ordonnées par l'édit d'octobre 1711, et que l'échangiste aura obtenu et fait enregistrer dans les cours les lettres de ratification nécessaires pour donner à l'acte son dernier complément.

XX. Tous contrats d'échange des biens domaniaux pourront être révoqués et annulés, malgré l'observation exacte des formes prescrites, s'il s'y trouve fraude, fiction ou simulation, et si le domaine a souffert une lésion du huitième, eu égard au temps de l'aliénation.

XXI. L'échangiste dont le contrat sera révoqué, sera au même instant remis en possession réelle et actuelle de l'objet par lui cédé en contre-échange, sauf les indemnités respectives qui pourraient être dues. S'il a été payé des soultes ou retours de part ou d'autre, ils seront rendus à la même époque; et si les soultes n'ont pas été payées, il sera fait raison des intérêts pour le temps de la jouissance.

XXII. Les échangistes qui auront rempli toutes les conditions prescrites, et qui, par le résultat des opérations, se sont trouvés débiteurs d'une soulte dont ils ont dû payer les intérêts jusqu'à ce qu'ils eussent fourni des biens et domaines fonciers de la même nature, qualité et valeur, seront admis à payer lesdits retours ou soultes avec les intérêts en deniers ou assignats, sans aucune retenue. L'administrateur-général des domaines sera autorisé à donner toute quittance bonne et valable, et il sera tenu de verser le tout dans la caisse de l'extraordinaire; et à cet effet on retirera des greffes des chambres des comptes, et autres dépôts publics, tous les renseignemens nécessaires.

§ V.

Des Engagemens, des Dons et Concessions à titre gratuit et rémunératoire, Baux à rente ou à cens, etc.

XXIII. Tous contrats d'engagement de biens et droits domaniaux, postérieurs à l'ordonnance de 1566, sont sujets à rachat perpétuel; ceux d'une date antérieure n'y seront assujettis qu'autant qu'ils en contiendront la clause expresse.

XXIV. Les ventes et aliénations des domaines nationaux postérieurs à l'ordonnance de 1566, seront réputées simples engagemens, et, comme telles, perpétuellement sujettes à rachat, quoique la stipulation en ait été omise au contrat, ou même qu'il contienne une disposition contraire.

XXV. Aucuns détenteurs de biens domaniaux sujets au rachat, ne pourront être dépossédés sans avoir préalablement reçu, ou été mis en demeure de recevoir leur finance principale avec ses accessoires.

XXVI. En procédant à la liquidation de la finance due aux engagistes, la somme dont il aura été fait remise ou compensation lors du contrat d'engagement à titre de don, gratification, acquits-patents ou autrement, seront rejetées; on ne pourra faire entrer en liquidation que les deniers comptans réellement versés en espèces au trésor public, en quelques termes ou pour quelque cause que les quittances soient conçues; et la preuve du contraire pourra être faite par extraits tirés des registres du trésor public, états de menus et comptans, et autres papiers du même genre, registres et comptes des chambres des comptes, et tous autres actes.

XXVII. Tous engagistes et détenteurs des domaines nationaux, moyennant finance, pourront en provoquer la vente et adjudication définitive; pour y parvenir, ils feront leur déclaration au comité d'aliénation de l'assemblée nationale, et aux directoires de département et de district, de la situation du chef-lieu; et au moyen de cette déclaration, les biens engagés seront mis en vente, en observant les formalités prescrites par les décrets, après avoir été préalablement estimés, sans pouvoir être adjugés au-dessous du prix de l'estimation; et l'adjudication n'en sera faite qu'à la charge de rembourser au concessionnaire ou détenteur, la finance primitive avec les accessoires, et de verser le surplus, s'il y en a, à la caisse de l'extraordinaire.

XXVIII. Les dons, concessions et transports à titre gratuit de biens et droits domaniaux, faits avec clause de retour à la couronne, à quelque époque qu'ils puissent remonter, et tous ceux d'une date postérieure à l'ordonnance de 1566, quand même la clause de retour y serait omise, sont et demeurent révocables à perpétuité, même avant l'expiration du terme auquel la réversion à la couronne aurait été fixée par le titre primitif.

XXIX. Les baux emphytéotiques, les baux à une ou plusieurs vies, sont réputés aliénations; en conséquence, les détenteurs des biens compris en iceux, et en général les fermiers des biens ou usines nationaux, dont les baux excéderaient la durée de neuf années, remettront au comité des domaines, dans le délai d'un mois, des copies collationnées de leurs baux et emphytéoses, pour être examinés dans le comité, et ensuite, sur son rapport, être statué sur leur entretien et sur leur résiliation.

XXX. Tous acquéreurs ou détenteurs des domaines nationaux les rendront, lors de la cessation de leur jouissance, en aussi bon état qu'ils étaient lors de la concession, et ils seront tenus des dégradations et malversations commises par eux ou par personnes dont ils doivent répondre.

XXXI. Les aliénations faites jusqu'à ce jour par contrat d'inféodation, baux à cens ou à rente, des terres vaines et vagues, landes, bruyères, palus, marais et terrains en friche, autres que ceux situés dans les forêts, ou à cent perches d'icelles, sont confirmées et demeurent irrévocables par le présent décret, pourvu qu'elles aient été faites sans dol ni

fraude, et dans les formes prescrites par les réglemens en usage, au jour de leur date.

§ VI.

Dispositions générales.

XXXII. Aucun concessionnaire ou détenteur, quel que soit son titre, ne peut disposer des bois de haute-futaie, non plus que des taillis recrus sur les futaies coupées et dégradées.

XXXIII. Il en est de même des pieds corniers, arbres de lisière, baliveaux anciens et modernes, des bois taillis, dont il est d'ailleurs défendu d'avancer, retarder ni intervertir les coupes.

XXXIV. Il est expressément enjoint, par le présent décret, à tous concessionnaires et détenteurs des biens domaniaux, à quelque titre qu'ils en jouissent, de présenter au comité des domaines de l'assemblée nationale, et au directoire du département de la situation du chef-lieu de ces domaines, dans trois mois, à compter du jour de la publication du présent décret, des copies sur papier libre, collationnées par un officier public, des titres de leurs acquisitions, des procès-verbaux qui ont dû précéder l'entrée en jouissance; des quittances de finances, si aucunes ont été payées; des baux qui en auront été consentis, et en général de tous les actes, titres et renseignemens qui pourront en constater la consistance, la valeur et le produit, et faire connaître le montant des charges dont ils sont grevés; et faute par eux d'y satisfaire dans le délai prescrit, ils seront condamnés à la restitution des fruits, du jour qu'ils seront en demeure.

XXXV. Les engagistes ou concessionnaires à vie ou pour un temps déterminé, des biens et droits domaniaux, leurs héritiers ou ayant-cause, se renfermeront exactement dans les bornes de leurs titres, sans pouvoir se maintenir dans la jouissance desdits biens après l'expiration du terme prescrit, sous peine d'être condamnés au paiement du double des fruits perçus depuis leur indue jouissance.

XXXVI. La prescription aura lieu à l'avenir pour les domaines nationaux dont l'aliénation est permise par les décrets de l'assemblée nationale; tous les détenteurs d'une portion quelconque desdits domaines, qui justifieront en avoir joui par eux-mêmes, ou par leurs auteurs, à titre de propriétaires, *publiquement* et sans troubles, pendant quarante ans continuels, à compter du jour de la publication du présent décret, seront à l'abri de toute recherche.

XXXVII. Les dispositions comprises au présent décret ne seront exécutées, à l'égard des provinces réunies à la France, postérieurement à l'ordonnance de 1566, qu'en ce qui concerne les aliénations faites depuis la date de leurs réunions respectives; les aliénations précédentes devant être réglées suivant les lois alors en usage dans les provinces.

XXXVIII. L'assemblée nationale a abrogé et abroge, en tant que de besoin, toute loi ou réglement contraire aux dispositions du présent décret.

Loi *concernant les Domaines engagés par l'ancien Gouvernement.*

(Du 14 ventôse an VII. — 4 mars 1799.)

Art. Ier. Les aliénations du domaine de l'État, consommées dans l'ancien territoire de la France avant la publication de l'édit de février 1566, sans clause de retour ni réserve de rachat, demeurent confirmées.

II. En ce qui concerne les pays réunis postérieurement à la publication de l'édit de février 1566, les aliénations de domaines faites avant les époques respectives des réunions, seront réglées suivant les lois lors en usage dans les pays réunis, ou suivant les traités de paix ou de réunion.

III. Toutes les aliénations du domaine de l'État contenant clause de retour ou réserve de rachat, faites à quelque titre que ce soit, à quelques époques qu'elles puissent remonter, et en quelque lieu de la république que les biens soient situés, sont et demeurent définitivement révoquées.

IV. Toutes autres aliénations, même celles qui ne contiennent aucune clause de retour ou de rachat, faites et consommées dans l'ancien territoire de la France postérieurement à l'édit de février 1566, et, dans les pays réunis, postérieurement aux époques respectives de leur réunion, sans autorisation des assemblées nationales, sont et demeurent révoquées, ainsi que les sous-aliénations qui peuvent les avoir suivies, sauf les exceptions ci-après.

V. Sont exceptées des dipositions de l'article IV,

1° Les échanges consommés légalement et sans fraude avant le 1er janvier 1789, pour les pays qui, à cette époque, faisaient partie de la France, et, avant les époques respectives des réunions, quant aux pays réunis postérieurement audit jour 1er janvier 1789;

2° Les aliénations qui ont été spécialement confirmées par des décrets particuliers des assemblées nationales, non abrogés ou rapportés postérieurement;

3° Les inféodations et accensemens des terres vaines et vagues, landes, bruyères, palus et marais, non situés dans les forêts ou à sept cent quinze mètres d'icelles (100 perches environ), pourvu que les inféodations et accensemens aient été faits sans fraude et dans les formes prescrites par les réglemens en usage au jour de leur date, et que les fonds aient été mis et soient actuellement en valeur, suivant que le comportent la nature du sol et la culture en usage dans la contrée;

4° Les aliénations et sous-aliénations ayant date certaine avant le 14 juillet 1789, faites avec ou sans deniers d'entrée, de terrains épars quelconques au-dessous de la contenance de cinq hectares, pourvu que lesdites parcelles éparses de terrains ne comprissent, lors des concessions primitives, ni des maisons appelées châteaux, moulins, fabriques ou autres usines, à moins qu'il n'y eût condition de les démolir et que cette condition ait été remplie; ni dans les villes, des habitations actuellement comprises aux rôles de la contribution foncière au-dessus de 40 fr. de principal;

5º Les inféodations, sous-inféodations et accensemens de terrains dépendans des fossés, murs et remparts de villes, justifiés par des titres valables, ou par arrêt du conseil, ou par une possession paisible et publique de quarante ans, pourvu qu'il y ait été fait des établissemens quelconques ou qu'ils aient été mis en valeur.

VI. En conformité de l'art. XIX de la loi du 1ᵉʳ décembre 1790, les échanges ne seront censés légalement consommés dans les pays formant la France au 1ᵉʳ janvier 1789, qu'autant que toutes les formalités rappelées par ledit article auront été accomplies en entier; et en ce qui concerne les pays réunis, qu'autant qu'on aura observé les lois qui y étaient en vigueur.

VII. Les échanges consommés pourront être révoqués ou annulés, malgré l'observation exacte des formes prescrites, s'il s'y trouve fraude, fiction ou simulation prouvée par la lésion du quart, eu égard au temps de l'aliénation.

VIII. Dans le cas où un contrat d'aliénation, inféodation, bail ou sous-bail à cens ou à rente, porterait à la fois sur des terrains désignés comme vains et vagues, landes, bruyères, palus, marais et terrains en friche, et sur des terres désignées comme étant cultivées ou autrement en valeur, sans énonciation de contenance, ou sans distinguer la contenance des uns et des autres, la révocation aura lieu pour le tout.

IX. Si les objets aliénés sous le nom de terres vaines et vagues, landes, bruyères, palus et marais, étaient, lors de l'aliénation, des terrains en culture ou en valeur, la frauduleuse qualification pourra se prouver par la notoriété publique et par enquête, ou par actes écrits mis en opposition avec l'acte qui contient l'aliénation.

X. Cette frauduleuse qualification sera légalement présumée, et donnera lieu de plein droit à la révocation, si les aliénations dont il est parlé en l'article précédent ont été faites à des *ci-devant gentilshom-*

mes titrés, ou autres ayant charge à la cour; sans néanmoins que ladite révocation puisse atteindre les sous-inféodataires, à moins qu'ils ne réunissent les mêmes qualités.

XI. L'exception portée au §. 5 de l'art. V ne s'applique pas aux inféodations, dons ou concessions, faits par un seul acte, et en entier, de tous les murs, remparts et fortifications d'une ville, ou de tous les terrains en dépendant : en ce cas, le sort desdites concessions sera réglé par les articles I, II, III et IV de la présente, sans préjudicier toutefois à l'exécution dudit §. 5, relativement aux parcelles qui seraient possédées par des sous-concessionnaires.

XII. Les mêmes articles I, II, III et IV, s'appliquent aux biens que l'engagiste aurait pu réunir par puissance féodale, ou à titre de retrait féodal ou censuel résultant de son contrat d'aliénation.

XIII. Les engagistes qui ne sont maintenus par aucun des articles précédens, et même les échangistes dont les échanges sont déjà révoqués ou susceptibles de révocation, sont tenus, à peine d'être déchus de la faculté portée en l'article suivant, de faire dans le mois de la publication de la présente, à l'administion centrale du département où sont situés les biens ou la majeure partie des biens engagés ou échangés, non encore vendus par la nation ni soumissionnés en exécution de la loi du 28 ventôse an IV et autres y relatives, la déclaration générale des fonds faisant l'objet de leur engagement, éhange ou autres titres de concession.

XIV. Ceux qui auront fait la déclaration ci-dessus, pourront, dans le mois suivant, faire, devant la même administration, la soumission irrévocable de payer en numéraire métallique le quart de la valeur desdits biens, estimés comme il sera dit ci-après, avec renonciation à toute imputation, compensation ou distraction de finance ou amélioration.

En effectuant cette soumission, ils seront maintenus dans leur jouissance, ou réintégrés en icelle s'ils ont été dépossédés et que lesdits biens se trouvent encore sous la main de la nation; déclarés en outre et reconnus propriétaires incommutables, et en tout assimilés aux acquéreurs de biens nationaux aliénés en vertu des décrets des assemblées nationales.

XV. En faisant la soumission énoncée en l'article précédent, ils seront tenus de nommer leurs experts, et de déposer l'état, signé d'eux ou de leur procureur constitué, touchant la consistance des biens qu'ils entendent conserver, leur situation, leur nature au temps de la concession, leur état actuel et leur produit, sans pouvoir être reçus ou à faire leur soumission autrement que sur la totalité du domaine ou des domaines compris dans le même titre, ou sur la totalité de ce qui en reste en leur possession ; le tout à peine de nullité de ladite soumission.

Le présent article ainsi que le XIIIe et le XIVe ne s'appliquent point aux concessions de forêts au-dessus de cent cinquante hectares, ni de terrains enclavés dans les forêts nationales ou à sept cent quinze mètres d'icelles, sur lesquelles il sera définitivement statué par une résolution particulière.

XVI. La valeur des biens dont il s'agit aux trois articles précédens, sera réglée aux frais de l'engagiste ou échangiste soumissionnaire, par trois experts nommés, savoir, l'un par ledit soumissionnaire, en la forme portée par l'article XV, le second par le directeur des domaines, et le troisième, par l'administration centrale dans le ressort de laquelle les biens ou la majeure partie d'iceux sont situés : ces deux derniers experts seront nommés dans la décade de la soumission, à la diligence de la régie des domaines.

XVII. Ces experts ne pourront, à peine de nullité, être pris parmi les citoyens détenteurs de biens nationaux susceptibles de retrait, ou dépossédés en vertu de la loi du 10 frimaire an II, ou qui ont été ci-devant nobles, ou qui sont agens ou fermiers desdits détenteurs, ci-devant détenteurs ou ci-devant nobles.

Celui qui étant, à sa connaissance, dans l'exclusion, ne le déclarera pas et procédera à l'estimation, sera condamné à 300 fr. d'amende par voie de police correctionnelle, à la diligence du receveur des domaines, sans préjudice des dommages-intérêts des parties.

XVIII. Tout détenteur ou ci-devant détenteur qui sera convaincu d'avoir donné, ou tout expert d'avoir reçu, en argent ou présent, quelque chose au-delà des vacations réglées par l'administration de département, sera, par la même voie et à la même diligence, condamné en 1,000 fr. d'amende envers la république, et en un emprisonnement qui ne pourra excéder une année, ni être moins de trois mois.

XIX. Il sera procédé à l'estimation de la manière qui suit, savoir :

Pour les maisons, usines, cours et jardins en dépendans.

Par une première opération, les experts les estimeront d'après leurs connaisances locales, et relativement au prix commun actuel des biens dans le lieu ou les environs ;

Par une seconde, relativement au prix commun en 1790, en formant un capital de seize fois le revenu dont lesdits objets étaient susceptibles, sans considérer les baux à ferme ou à loyer, s'ils ne s'élevaient pas au véritable prix;

Par une troisième, s'il y avait des baux en 1790, lesdites maisons et usines, cours et jardins en dépendant, seront évalués sur le pied de leur valeur en 1790, calculée à raison de seize fois le revenu net;

Et pour les terres labourables, prés, bois, vignes et tous autres terrains:

Par une première opération, les experts estimeront la valeur d'après leurs connaissances locales, et relativement au prix commun actuel des biens de même nature dans le lieu ou les environs;

Par une seconde, ils estimeront la valeur d'après le montant de la contribution foncière de 1793, en prenant pour revenu net d'une année quatre fois le montant de cette contribution, et en multipliant la somme par vingt;

Et par une troisième, s'il y avait des baux existans en 1790, la valeur sera fixée sur le pied de la même année, et calculée à raison de vingt fois le revenu d'après lesdits baux.

A l'égard de ce dernier cas et de ceux non prévus ci-dessus, les experts se conformeront au § III de la loi en forme d'instruction, du 9 floréal an IV, relative à l'exécution de celle du 28 ventôse précédent.

Les experts motiveront leur rapport sur chacune des bases; et les administrations, dans leurs arrêtés, en énonceront les résultats, se fixeront à celui qui sera le plus avantageux pour la république, et en feront mention expresse : le tout à peine de nullité.

XX. Le quart de la valeur du terrain estimé d'après les règles portées en l'article précédent, sera acquitté dans le mois de la date de l'arrêté de l'administration qui en aura fixé le montant d'après le rapport des experts, savoir : un tiers en numéraire, et les deux autres tiers en obligations ou cédules acquittables aussi en numéraire, savoir : un tiers dans deux mois, à courir de l'expiration du premier terme, et l'autre tiers, aussi dans deux mois, à courir de l'expiration du second terme : le tout avec intérêt sur le pied de cinq pour cent par an, à compter du jour de la prise de possession à l'égard de ceux qui avaient cessé d'être détenteurs, et à compter du jour de l'arrêté ci-dessus à l'égard des autres.

XXI. Aussitôt après la soumission autorisée par les art. XIV et XV, le soumissionnaire pourra vendre des biens compris en la soumission, pour payer le quart de l'estimation à régler d'après l'art. XIX ; mais à la charge d'imposer à l'acquéreur la condition expresse de verser en numéraire dans la caisse du receveur des domaines nationaux, dans les délais fixés par l'article précédent, le prix de son acquisition jusqu'à concurrence de ce qui sera dû à la république pour le montant de ladite estimation. Le versement sera fait nonobstant toutes oppositions qui pourraient avoir lieu entre les mains des acquéreurs ; au moyen de quoi ceux-ci demeureront subrogés aux droits de propriété de la maison, et affranchis des hypothèques du chef de leur vendeur, comme les autres acquéreurs de domaines nationaux.

Néanmoins, si le prix de la vente faite par l'engagiste était inférieur au montant de l'estimation ordonnée par l'art. XIX, la république conservera pour l'excédant son privilége et son hypothèque, même sur la chose vendue, jusqu'au paiement intégral du quart dû par l'engagiste, sans être tenue de poursuivre l'inscription de sa créance aux registres publics de la conservation des hypothèques.

XXII. A l'égard de tous engagistes ou échangistes non maintenus, et qui n'auraient fait la déclaration prescrites par l'art. XIII de la présente, ou qui, après l'avoir faite, ne se seraient pas présentés pour faire leur soumission autorisée par les articles XIV et XV, la régie des domaines nationaux, immédiatement après l'expiration du mois qui suivra la publication de la présente, en ce qui concerne les premiers, ou du mois qui suivra la déclaration non suivie de soumission, en ce qui concerne les seconds, leur fera signifier copie des titres primitifs, récognitifs ou énonciatifs, tendant à établir les droits de la nation; avec déclaration que, dans le délai d'un mois à dater de la signification, elle poursuivra la vente des biens y énoncés, lesquels ne pourront être des biens qui auraient été soumissionnés en exécution de la loi du 28 ventôse an IV, et autres y relatives.

Elle les interpellera par le même acte, de nommer, dans la décade, un expert pour procéder aux opérations préparatoires ci-après détaillées, conjointement avec l'expert qui sera nommé par la régie, et celui qui le sera par l'administration centrale du département de la situation des biens.

XXIII. Ces experts procéderont, dans les deux décades suivantes, à la vue des titres, mémoires et renseignemens qui leur seront respectivement remis, 1° à l'estimation du capital, d'après les règles posées en l'art. XIX; 2° à l'estimation du revenu annuel; 3° à celle des améliorations, s'il y en a, en observant qu'elles ne doivent être estimées que jusqu'à concurrence de la valeur dont les biens se trouvent augmentés; 4° à l'évaluation des dégradations, s'il y a lieu; 5° enfin, à l'estimation des fruits perçus et recueillis par le ci-devant détenteur, depuis et compris l'année 1791 (vieux style), à moins qu'il ne justifie avoir fait la déclaration prescrite par la loi du 1er décembre 1790.

Les experts distingueront chacune de ces opérations dans leur rapport : si l'engagiste avait négligé d'en nommer un, ou si un expert nommé ne se réunissait point aux autres au jour indiqué par sommation, il sera passé outre par ceux-ci.

XXIV. Les articles 17 et 18 de la présente s'appliquent aux experts qui seront nommés en exécution de l'article précédent.

XXV. Après la remise du rapport des experts, et toutefois après l'expiration du délai d'un mois, à dater de la signification prescrite par l'article 22, les biens seront mis en vente par affiches et enchères faites conformément aux lois des 16 brumaire an V et 16 vendémiaire dernier.

En conséquence, la première mise à prix des biens ruraux sera de huit fois le revenu annuel; celle des maisons, bâtimens et usines servant uniquement à l'habitation et non dépendans de fonds de terre, sera de six fois le revenu annuel.

XXVI. Si, après l'adjudication faite dans les délais et formes ci-dessus, le ci-devant détenteur élevait quelques prétentions relatives à la propriété, elles se résoudront de plein droit en indemnités sur le trésor public, s'il y échet.

XXVII. Si, dans le mois qui suivra la signification des titres, le détenteur les soutient inapplicables ou insuffisans, ou s'il prétend être placé dans les exceptions de la présente, ou si de toute autre manière il s'élève des débats sur la propriété, il y sera prononcé par les tribunaux; après néanmoins qu'on se sera adressé, par voie de mémoires, aux corps administratifs, conformément à la loi du 5 novembre 1790; mais en ce cas, soit le tribunal de première instance, soit celui d'appel, devront, chacun en ce qui le concerne, procéder au jugement, sur simples mémoires respectivement remis, dans le mois, à dater de l'expiration des délais ordinaires de la citation.

XXVIII. Il n'est rien changé par la présente aux attributions de l'autorité administrative, en ce qui concerne purement et simplement les liquidations de droits et créances prétendus par des particuliers envers la république.

XXIX. Il sera procédé à la liquidation des indemnités que l'engagiste pourrait réclamer à la vue des quittances de finances, rapports d'experts, et de tous autres titres et documens, de la même manière qu'il est observé pour les autres créanciers de la république : la remise des titres sera faite dans trois mois pour tout délai.

XXX. Le prix de l'adjudication qui sera faite en exécution de l'article 25, sera en totalité payable en numéraire métallique ; les paiemens seront divisés comme il suit :

1° Le quart de la valeur du terrain estimé d'après les articles 19 et 23 de la présente, sera acquitté entre les mains du receveur des domaines nationaux, dans les dix jours qui suivront l'adjudication, savoir, le premier tiers en numéraire, et les deux autres tiers en obligations ou cédules payables aussi en numéraire, savoir, le second tiers dans le délai de deux mois, et le dernier tiers dans quatre mois ; le tout à dater de la souscription des cédules, avec intérêt sur le pied de cinq pour cent par an jusqu'au paiement effectif ;

2° Le surplus du prix de l'adjudication restera entre les mains de l'acquéreur pour fournir jusqu'à due concurrence, soit aux indemnités de l'engagiste, soit aux plus amples reprises de la république : il ne sera exigible qu'après la liquidation de ces indemnités, et sera payable en trois portions égales, de trois en trois mois, à partir de la notification qui sera faite à l'acquéreur de l'arrêté définitif de la liquidation : l'on ajoutera au dernier paiement tous les intérêts qui auront couru jusqu'alors sur le même pied de cinq pour cent par an.

XXXI. Si, par le résultat de la liquidation énoncée en l'article 29, le ci-devant concessionnaire n'était reconnu créancier que d'une partie de la somme restée aux mains de l'acquéreur, il sera d'abord remboursé sur le premier terme des deniers mis en réserve par l'article précédent, subsidiairement sur les second et troisième; et la république ne touchera l'excédant qu'après qu'il aura été remboursé.

XXXII. S'il arrivait qu'il fût dû au ci-devant concessionnaire au-delà de la somme restée en dépôt, il la retirera en entier, et sera remboursé du surplus de sa liquidation comme les autres créanciers de l'État; savoir, deux tiers en bons de deux tiers, et l'autre tiers en bons du tiers consolidé.

XXXIII. Il n'est rien statué ni préjugé par la présente,

1° Sur les concessions faites à vie seulement, ou pour un temps déterminé, soit par baux emphytéotiques, soit par baux à cens ou à rentes;

2° Sur les concessions de terrains, à quelque titre que ce soit, faites dans les colonies françaises des deux Indes;

3° Sur la nature des îles, îlots et attérissemens formés dans le sein des fleuves et rivières navigables, non plus que des alluvions y relatives, ni des lais et relais de la mer.

Il sera statué sur ces divers objets par des résolutions particulières.

XXXIV. Il n'est, par la présente, porté aucune atteinte à l'exécution des lois des 28 août 1792, 10 juin 1793, et autres relatives aux biens appartenans aux communes ou sections de commune, et aux revendications de biens usurpés par la puissance féodale.

Dans le cas où il y aurait procès pendant entre une commune et un engagiste relativement au fond du droit sur les biens concédés par l'ancien Gouvernement, les dispositions de la présente et les délais établis par elle ne courront contre l'engagiste qu'à dater du jugement définitif qui pourrait confirmer sa possession vis-à-vis de la commune; sauf l'intervention de la régie des domaines audit procès, s'il y a lieu.

XXXV. Il n'est point dérogé, par la présente, aux droits et actions qui peuvent compéter à la république contre les concessionnaires ou sous-concessionnaires maintenus purement et simplement en possession par l'article V, à raison des redevances et prestations assignées sur les fonds, et qui n'auraient pas été frappées d'abolition par les lois nouvelles.

XXXVI. Les précédentes lois sont abrogées en ce qu'elles ont de contraire à la présente.

Loi *concernant les Engagemens et Échanges.*

(11 Pluviôse an XII.)

ART. Ier. Dans les trois mois de la publication de la présente, tous engagistes, échangistes, ou autres concessionnaires, à quelque titre que ce soit, de bois et forêts, dont les concessions sont révoquées par les lois des 3 septembre 1792 et 14 ventôse an VII, seront tenus de déposer au secrétariat de la préfecture du département de la situation desdits bois et forêts, les titres de concession, les procès-verbaux qui ont dû constater leur entrée en jouissance, les quittances de finances, si aucunes ont été payées, les baux qui en auraient été consentis, et en général tous les actes, titres et renseignemens qui pourront en constater la consistance, la valeur et le produit, et faire connaître le montant des charges dont ils sont grevés.

II. Ils nommeront dans le même délai un expert; il en sera nommé un par la régie des domaines, et un par le préfet du département. Les experts prêteront serment devant le tribunal civil.

III. Les experts procéderont, dans le mois de leur nomination, à la vue des titres, mémoires et renseignemens qui leur seront respectivement remis, 1° à l'estimation des améliorations, s'il y en a, en observant qu'elles ne doivent être estimées que jusqu'à concurrence de la valeur dont les biens se trouvent augmentés; 2° à l'évaluation des dégradations, s'il y a lieu. Seront considérées comme dégradations, les coupes anticipées et celles des bois qui ne faisaient pas partie des fruits ordinaires.

IV. Il sera procédé à la liquidation des indemnités que l'engagiste pourrait réclamer, à la vue des quittances de finance, rapports d'experts, et de tous autres titres et documens.

V. L'échangiste sera remis en possession des biens donnés en contre-échange. Il sera procédé à la liquidation, soit des soultes et retours de part et d'autre, soit des indemnités, à raison des améliorations ou dégradations; lesdites dégradations comprenant les fruits indûment perçus, comme il est dit à l'article III.

VI. Si les biens donnés en contre-échange à la république se trouvaient avoir été vendus, la valeur entrera en liquidation au profit de l'échangiste; elle sera réglée d'après le prix commun des biens de même espèce, à l'époque où l'échangiste aura reçu l'avis de liquidation, et où il devra faire le délaissement des forêts nationales qu'il a reçues en échange.

VII. Le montant des sommes revenant aux engagistes par le résultat desdites liquidations, leur sera payé intégralement en *inscriptions au grand-livre* de 5 pour cent consolidés.

Les échangistes pourront recevoir le montant de leur liquidation en domaines nationaux, estimés à raison de vingt fois le revenu net, ou en 5 pour 100 consolidés. Ils seront tenus d'opter dans le mois, à compter du jour où ils auront reçu l'avis de leur liquidation.

VIII. A compter du jour de la publication de la présente loi, les détenteurs qui se seront conformés aux art. I et II, ne pourront être dépossédés sans avoir préalablement reçu l'avis de leur liquidation pour en toucher le montant, ou avoir été remis en possession des biens donnés par eux en contre-échange. Néanmoins, les bois et forêts dont il s'agit seront soumis aux règles générales de l'administration publique en cette partie. Un quart du prix des coupes sera versé au trésor public; les trois autres quarts seront remis aux possesseurs actuels, jusqu'à leur liquidation et remboursement. Ceux qui ne se seront pas conformés aux art. I et II seront dépossédés à l'échéance du délai fixé par l'art. Iᵉʳ.

IX. Aucun concessionnaire ou détenteur, quel que soit son titre, ne peut disposer des bois de haute futaie, non plus que des taillis recrûs sur les futaies coupées ou dégradées. Il en est de même des pieds corniers, arbres de lisière, baliveaux anciens et modernes, des bois taillis dont il est d'ailleurs défendu d'avancer, retarder ou intervertir les coupes.

X. A l'égard des aliénations ou engagemens, accensemens, sous-aliénations et sous-inféodations de terrains enclavés dans les forêts dont il s'agit, ou en étant distans de moins de sept cent quinze mètres, le sursis porté par la dernière partie de l'art. XV de la loi du 14 ventôse an VII, est révoqué; et les autres dispositions de la même loi leur seront appliquées.

XI. Les engagistes ou échangistes à la charge de faire des constructions de moulins et usines, et qui ont été dépossédés sans avoir obtenu leur liquidation, seront remboursés intégralement en 5 pour 100 consolidés, d'après les estimations qui seront faites en conformité des articles précédens.

Loi concernant les finances.

(28 Avril 1816.)

Dispositions particulières aux Engagistes.

Art. CXVI. La condition mise par la loi du 5 décembre 1814, à la restitution des biens provenant d'émigrés, qui ont été cédés à la caisse d'amortissement, est révoquée. Ces biens seront rendus aux propriétaires lorsqu'ils auront rempli les formalités prescrites par cette loi.

A l'égard des biens à restituer, qui consisteraient en *domaines engagés,* la loi du 11 pluviôse an XII, et le § II de l'art. XV de celle du 14 ventôse an VII, sont rapportés.

Les possesseurs réintégrés ne seront assujétis qu'à l'exécution des autres dispositions de cette dernière loi.

La présente disposition sera commune à tous les engagistes.

Loi *concernant les Échangistes.*

(15 Mai 1818.)

ART. Ier. Les dispositions de l'art. 116 de la loi du 28 avril, concernant les *engagistes*, sont déclarées communes aux *échangistes de forêts au-dessus de cent cinquante hectares*, dont les échanges n'étaient pas consommés avant le 1er janvier 1789.

II. Lesdits échangistes seront, en conséquence, admis à faire les déclaration et soumission prescrites par la loi du 14 ventôse an VII, dans le délai de trois mois à compter de la publication de la présente loi; et en payant *le quart* de la valeur des biens qu'ils ont reçus en échange, suivant le mode déterminé par cette loi, ils seront déclarés propriétaires incommutables.

Néanmoins, les échangistes pour lesquels il a été fait des évaluations conformément à l'*édit* du mois d'*octobre* 1711, quoique non suivies de l'enregistrement et de lettres de ratification, ne seront tenus, pour être maintenus dans leurs possessions, que de *payer la soulte résultant des évaluations*, si les biens par eux donnés en contre-échange *ont été vendus* par l'État.

Loi *pour la libération des diverses classes d'acquéreurs du domaine de l'état.*

(12 Mars 1820.)

TITRE Ier.

Décomptes des Ventes de Domaines nationaux.

ART. Ier. Sont déclarés pleinement libérés, tous les acquéreurs de domaines nationaux, quelles que soient l'origine des biens et l'époque des ventes, qui, conformément à l'article 5 du décret du 22 octobre 1808, ayant, à l'époque de ce décret, quittance pour solde ou dernier terme, des préposés du domaine chargés de recevoir leurs paiemens, n'auraient reçu, dans les six années écoulées depuis ce décret, aucune notification de décompte. Les mentions inscrites sur les registres des préposés tiendront lieu des quittances non représentées.

II. Sont pareillement déclarés pleinement libérés, tous acquéreurs de domaines nationaux qui, conformément à l'article 6 du décret du 22 octobre 1808, auraient, postérieurement à ce décret, reçu quittance pour solde ou dernier terme des préposés du domaine chargés de recevoir leurs paiemens, et auxquels il n'aura été notifié aucun décompte dans les six années échues et à échoir depuis la date de cette quittance.

III. À l'égard des acquéreurs dont la quittance pour solde ou dernier terme remonterait à moins de six ans à l'époque de la signification qui leur sera faite du décompte, ainsi qu'à l'égard de ceux qui n'ont point eu jusqu'à présent de quittance pour solde ou dernier terme, il sera procédé dans le plus bref délai, par l'administration des domaines, à leurs décomptes définitifs. Ces décomptes seront terminés et signifiés avant le 1er janvier 1822.

Ce délai expiré sans qu'il ait été signifié de décompte, tous lesdits acquéreurs seront entièrement libérés du prix de leur acquisition.

Ne sont pas compris dans la disposition du présent article, les acquéreurs des biens vendus en exécution des lois des 15 et 16 floréal an X (5 et 6 mai 1802), dont le dernier terme de paiement n'est pas actuellement acquitté, lesquels ne pourront obtenir leur libération que par la quittance pour solde de ce terme.

IV. Aucune poursuite n'aura lieu pour des décomptes dont le débet ne serait en capital que de vingt francs et au-dessous ; et, à l'égard des décomptes de sommes au-dessus de vingt francs en capital, qui auront été notifiés en temps utile, l'administration des domaines ne pourra exercer de poursuites que jusqu'à l'expiration de l'année 1822. Au 1er janvier 1823, elle pourra seulement terminer l'exécution des arrêtés et décisions rendus et signifiés, et des jugemens et arrêts précédemment obtenus.

V. Il n'est rien innové dans le mode des poursuites; elles continueront d'avoir lieu par les voies légales en matière de domaines nationaux, dans le délai prescrit par l'article précédent; et, néanmoins, les sous-acquéreurs qui se seraient libérés en vertu de jugemens, ne pourront être exposés à aucun recours.

VI. Les acquéreurs de rentes nationales, en vertu de la loi du 21 nivôse an VIII, ayant quittance pour solde, auxquelles l'administration des domaines n'aurait pas signifié de décompte ou demande en supplément de prix dans le délai fixé par l'article 3, c'est-à-dire avant le 1er janvier 1822, seront définitivement libérés.

TITRE II.

Libération des Concessionnaires, Engagistes et Échangistes.

VII. L'administration des domaines fera signifier aux propriétaires détenteurs de domaines provenant de l'État à titre d'engagement, concession ou échange, auxquels seraient applicables les dispositions des lois des 14 ventôse an VII (4 mars 1799), 28 avril 1816, et 15 mai 1818, et qui n'y auraient pas satisfait: qu'ils aient à se conformer auxdites lois, relativement aux domaines engagés ou échangés dont ils seraient actuellement en possession.

VIII. A l'égard des domaines provenant d'engagemens ou d'échanges, restant à remettre aux anciens propriétaires en exécution des lois des 5 décembre 1814, 28 avril 1816 et 15 mai 1818, dont l'origine domaniale sera connue, l'administration des domaines fera ses réserves dans l'acte de remise, et elle imposera aux propriétaires l'obligation de se conformer aux dispositions de la loi du 14 ventôse an VII (4 mars 1799.)

IX. *A l'expiration de trente années à compter de la publication de la loi du 14 ventôse an VII*, les domaines provenant de l'État, cédés à titre d'engagement ou d'échange antérieurement à la loi du 1er décembre 1790, autres que ceux pour lesquels auraient été faites, *ou seraient faites jusqu'à l'expiration desdites trente années*, les significations et réserves réglées aux articles ci-dessus 7 et 8 : sont déclarés propriétés incommutables entre les mains des possesseurs actuels, sans distinction de ceux qui se seraient conformés ou non aux dispositions des lois des 14 ventôse an VII (4 mars 1799), 12 pluviôse an XII (2 février 1804), 28 avril 1816 et 15 mai 1818.

En conséquence, les possesseurs actuels desdits biens, engagistes, échangistes ou concessionnaires, ou leurs représentans, seront quittes et libérés, par l'effet seul de la présente loi, et sans qu'ils puissent être tenus de fournir aucune justification, sous prétexte que lesdits biens proviendraient d'engagemens, d'échanges ou de concessions, avant ou depuis le mois de février 1566, avec ou sans clause de retour.

X. Le ministre des finances fera imprimer et distribuer aux Chambres l'état des biens engagés qui sont à la connaissance de l'administration des domaines, avec le nom des détenteurs.

TABLE.

		Pages.
§ I.	Trouble général causé par les significations de la Régie des Domaines............	1
§ II.	Exposé sommaire de la législation domaniale. — Lois anciennes.................	5
§ III.	Lois modernes...................	12
§ IV.	Motif, objet de significations..........	25
§ V.	Moyens de faire cesser l'effet préjudiciable des notifications reçues.............	29
§ VI.	Cas où le Propriétaire ne possède rien de domanial. — Choses non domaniales, encore bien qu'elles aient appartenu aux anciens rois et à des princes souverains......	31
§ VII.	Anciennes aliénations de biens domaniaux, non atteintes par les lois nouvelles. — Ventes antérieures à 1566. — Petits-Domaines....	35
§ VIII.	Biens domaniaux provenant d'échanges maintenus par les lois nouvelles.........	42
§ IX.	Voies à prendre par les Propriétaires qui ont reçu des significations de la Régie. — Actions diverses, suivant la différence des cas....	45
§ X.	Cas où les Propriétaires inquiétés par la Régie peuvent être fondés à exercer des recours en garantie.....................	49

Pages.

§ XI. Cas où le Propriétaire ne peut méconnaître que l'immeuble par lui possédé dérive d'une ancienne aliénation domaniale, et que cette aliénation est frappée de révocation par la loi de ventôse an 7............. 52

§ XII. Nonobstant les sommations signifiées, les détenteurs ne pourront-ils pas opposer au Domaine l'exception de Prescription 52

Texte des principales lois de la matière....... 60
    Ordonnance de 1566....,........ ib.
    Edit de 1667................. 62
    Edit de 1711................. 63
    Loi du 1er décembre 1790.......... 64
    Loi du 14 ventôse an VII.......... 73
    Loi du 11 pluviôse an XII......... 84
    Loi du 28 avril 1816............. 86
    Loi du 15 mai 1818............. 87
    Loi du 12 mars 1820............. 88

FIN DE LA TABLE.

www.ingramcontent.com/pod-product-compliance
Lightning Source LLC
LaVergne TN
LVHW050634090426
835512LV00007B/838